EXEMPLA 5

Lateinische Texte

Herausgegeben von Hans-Joachim Glücklich

Ovid, Ars amatoria

6., unveränderte Auflage
mit acht Abbildungen

Bearbeitet
von

Gerhard Fink
Karl-Heinz Niemann

Vandenhoeck & Ruprecht

Zur Umschlagsabbildung: Amor und Psyche, der Liebesgott und eine schöne Königstochter, die ihn nach vielen Irrungen und Wirrungen heiraten darf, sind die Hauptpersonen eines Märchens, das Apuleius aus Madaura um 150 n. Chr. in seinen Roman »Metamorphosen« einfügte. Seitdem wurde das verliebte Paar sehr oft abgebildet. Die ca. 60 cm hohe Marmorgruppe stammt aus dem Innenhof eines Hauses in Ostia; sie steht nun im dortigen Museum.

Alle Abbildungen dieser Ausgabe stammen von Gerhard Fink, Nürnberg

Ab 10. Jahrgangsstufe

ISBN 978-3-525-71625-0

© 2011, 2006, 2001 Vandenhoeck & Ruprecht GmbH & Co. KG, Göttingen/
Vandenhoeck & Ruprecht LLC, Oakville, CT, U.S.A.
www.v-r.de
Alle Rechte vorbehalten. Das Werk und seine Teile sind urheberrechtlich geschützt. Jede Verwertung in anderen als den gesetzlich zugelassenen Fällen bedarf der vorherigen schriftlichen Einwilligung des Verlages.
Printed in Germany.

Umschlagabbildung: © akg, Berlin

Satz: Andreas Schneider, Hannover
Druck und Bindung: ❀ Hubert & Co, Göttingen

Gedruckt auf chlorfrei gebleichtem Papier.

Inhalt

Einleitung 5

Statt einer Vorstellung 5
Ovid – ein großer Dichter? 7
Zur Gestaltung dieser Ausgabe 8

Lernwortschatz 9

Texte 11

Text 1: Proömium (1,1–30) 11
Text 2: Der Aufbau des Lehrprogramms (1,35–38) 12

Die Kontaktsuche 13
Text 3: Vorkenntnisse (1,41–66) 13
Text 4: Gelegenheiten (1,89–100) 14
Text 5: Annäherungsversuche (1,135–170) 15
Text 6: Geistesgegenwart und Erfindungsgabe (1,217–228) ... 18
Text 7: Chancen und Gefahren am Abend (1,229–252) 19

Die Werbung 21
Text 8: Überleitung (1,263–268) 21
Text 9: Warten auf Werbung (1,269–346) 22
Text 10: Der Liebesbrief (1,437–486) 23
Text 11: Gepflegtes Aussehen (1,505–524) 26
Text 12: Rollenspiel (1,707–722) 27

Das Fesseln des Partners 28
Text 13: Zwischenbilanz (2,1–20) 28
Text 14: Reiz geistiger Gaben (2,111–126) 29
Text 15: Aktive Liebesbeweise 30
    Anpassung und weises Nachgeben (2,173–202) 30
    Kavaliersdienste (2,209–222) 31
    Bedingungsloser Einsatz (2,223–250) 31
Text 16: Anerkennung und Bewunderung (2,295–306; 311–314) ... 33

Text 17: Schönheitsoperationen (2,641–662) 34
Text 18: Schlusswort des Ratgebers (2,733–744) 35

Adressatenwechsel 36
Text 19: Proömium (3,1–80) 36
Text 20: Make-up (3,193–234) 39
Text 21: Schönheitsfehler (3,255–280) 41
Text 22: Reiz der Bewegung (3,297–310) 43
Text 23: Öffentlichkeitsarbeit (3,417–432) 44
Text 24: Reaktion auf Liebesbriefe (3,469–498) 45
Text 25: Sanftmut und Fröhlichkeit (3,501–518) 46
Text 26: Führungsqualitäten (3,577–610) 47
Text 27: Illusionshilfen (3,667–682) 49
Text 28: Strategien beim Gastmahl (3,749–768) 50
Text 29: Schlusswort des Ratgebers (3,809–812) 51

Arbeitsaufträge und Begleittexte 52

Zu Ovids Sprache 76

Stilistischer Anhang 77

Metrischer Anhang 80

Abkürzungen 84

Einleitung

Statt einer Vorstellung ...

... bringen wir ein Gespräch, wie es im Jahre 8 n.Chr. am Hafen von Ostia stattgefunden haben könnte.
Eben ist ein Schiff aus Elba eingetroffen; die Passagiere gehen von Bord. Unter ihnen entdeckt M. Aemilius Scaurus (S) einen Mann, den er gut kennt, der ihm aber merkwürdig verändert vorkommt.
Überrascht wendet er sich an seinen Freund C. Licinius Macer (M), der im Kaiserpalast beschäftigt ist und stets ein bisschen mehr weiß als der Durchschnittsrömer.

S.: Mann, Gaius, das ist doch Ovid? Aber wie sieht er denn aus? Leichenblass, und er geht dahin, als hätte er einen Rausch! Schau, die Freunde, die ihn erwarten, übersieht er – gerade wie einer, neben dem der Blitz eingeschlagen hat und der noch nicht wieder zur Besinnung gekommen ist!
M: Wie treffend du beobachtest, mein lieber Marcus! Ja, den guten Ovid hat der Blitz getroffen!
Er hat nämlich erfahren, dass er gleich wieder verreisen muss.
S: Wohin denn?
M: Wenn du mir versprichst bis morgen früh den Mund zu halten, sage ich dir, was ich weiß.
Danach wird sowieso die Gerüchteküche brodeln, aber dann ist dieser feine Herr auch schon auf dem Weg nach Tomis.
S: Ich will schweigen wie ein Grab – doch Tomis, was ist das?
M: So heißt ein Ort am Schwarzen Meer, dort, wo die Donau sich ihren Weg durch wüste Sümpfe sucht und im Winter, wenn alles im Frost erstarrt, die wilden Geten unseren Legionären das Leben schwer machen.
S: Und was soll Ovid dort, am Ende der Welt?
M: Dumme Frage. Dort bleiben soll er, das ist nämlich sein Verbannungsort.
S: Unglaublich! Ovid, unser beliebtester und erfolgreichster Dichter, soll verbannt werden?
Das wird er nicht überleben! Er braucht die Großstadt wie der Fisch das frische Wasser!
M: Er wird sich umgewöhnen müssen, denn eine Rückkehr ist nicht vorgesehen.
S: Das ist allzu hart! So grausam kann Kaiser Augustus nicht sein! Und was hat Ovid überhaupt verbrochen, dass man ihn fortjagt aus Rom?
M: Nun mal langsam, mein Lieber, und überlege dir gut, was du über unseren Kaiser sagst.

Wie immer hat er sich nämlich von seiner angeborenen Milde leiten lassen und Ovid nur mit einer leichten Form der Verbannung, der *relegatio*, bestraft. So bleibt ihm sein Vermögen erhalten und seine Familie hat keinerlei Nachteile zu befürchten.

S: Aber die Gründe! Ich habe dich nach Gründen gefragt!

M: Gründe gibt es eine ganze Menge, und zwar – wie es in der Politik üblich ist – sowohl wirkliche wie vorgeschobene. Dazu will ich nichts weiter sagen, denn schließlich stehe ich im Dienst des Kaisers und werde mich hüten an seinen Gründen herumzumäkeln.

S: Das ist nicht fair! Erst machst du mich neugierig, und dann spielst du den Verschwiegenen! Ich hab dir doch versprochen ...

M: Na schön, weil du es bist: E i n Grund ist die *Ars amatoria!*

S: Das ist ja lächerlich, Gaius! Die *Ars* ist doch schon vor neun Jahren erschienen. Natürlich gab's am Anfang einigen Wirbel, aber inzwischen weiß doch jeder vernünftige Mensch, wie dieses Buch gemeint ist.

M: Wie denn, mein Bester?

S: Nun, es ist ein geistreiches Spiel, es ist ein Spiegel, in dem Ovid den Verliebten ihre kleinen und großen Schwächen zeigt und die Tricks entlarvt, mit denen sie sich gegenseitig an der Nase herumführen.

M: Man sieht, dass du ziemlich naiv bist, lieber Marcus. In der Umgebung des Kaisers hält man diese Sudelei und ihren Dichter schlicht für staatsgefährdend, jawohl, für staatsgefährdend!

S: Das versteh ich nicht.

M: Nun denk doch mal nach: Seit Jahren versucht Augustus die öffentliche Moral durch sinnvolle Gesetze wieder zu heben; dabei gilt der Ehe seine besondere Aufmerksamkeit. Und was macht Ovid? Er spricht von allen möglichen Liebesverhältnissen, berichtet über seine eigenen Erfahrungen, gibt seinen Lesern Tipps. Wird dadurch die Moral gehoben und die Ehe gefestigt? Im Gegenteil, sie wird zerrüttet!

S: Das will Ovid bestimmt nicht, schließlich ist er selbst glücklich verheiratet. Und außerdem enthält seine Liebeskunst nicht nur Ratschläge, wie man ein Mädchen gewinnt, sondern auch, wie man es dauerhaft an sich bindet. Das beweist, dass es ihm nicht um flüchtige Flirts ging. Meines Erachtens möchte er den Menschen beibringen, wie man am besten miteinander auskommt, wie man menschlich miteinander umgeht. Das ist doch, wenn ich so sagen darf, eine sehr gute Sache.

M: Egal, was dein Ovid will! Sein ganzes Geschreibsel ist zersetzend, und jetzt hat er das Fass zum Überlaufen gebracht ...

S: Aha, ich merk's schon! Da gibt es noch andere Gründe als die Liebeskunst!

M: Natürlich! Dieser Mensch hat die Geduld unseres Kaisers immer wieder auf die Probe gestellt und mit zunehmender Dreistigkeit Spitzen gegen ihn in seinen Schriften untergebracht.

S: Auch in seinen Verwandlungsgeschichten? Das kann ich mir nicht vorstellen!

M: Ich schon, und ich will dir ein Beispiel geben: Erst vergleicht dieser verdammte Spötter unseren Kaiser vollmundig mit Iuppiter persönlich, und dann lässt er

eben diesen Iuppiter pausenlos Jagd auf hübsche Mädchen machen. Wenn das nicht frech ist!
Jetzt freilich, in seinen Kalendergeschichten, hat er den Vogel abgeschossen und Augustus an einer besonders verletzlichen Stelle getroffen. Dafür bekommt er nun die Quittung.
S: Sprich doch nicht immer in Rätseln und sag mir, worum es geht.
M: Ich werde mich schwer hüten, dazu ist die Sache zu heiß, und darum muss Ovid auch noch in dieser Nacht verschwinden.
S: Ich will dir ja glauben, dass er den Kaiser gekränkt hat, doch hat der sich überlegt, was es bedeutet, wenn er den einzigen großen Dichter, den wir noch haben, aus Rom verbannt? Es wird einen Aufschrei der Entrüstung geben!
M: Ich glaube, da irrst du dich! Ovid vermissen wird lediglich die jüngere Generation, diese Playboys und Playgirls, die lange nach dem Bürgerkrieg auf die Welt gekommen sind und sich nur an Frieden und Wohlstand und Freiheit erinnern können. Denen tut es ganz gut, wenn Augustus nun andere Saiten aufzieht. Die verdammte *Ars amatoria* wird man aus den Bibliotheken entfernen, und die anderen »Werke« dieses Versemachers werden von selbst in Vergessenheit geraten. Schließlich ist er höchstens ein Talent, kein Genie wie Vergil oder Horaz! Er hat sich das zweifelhafte Verdienst erworben, die Dichtung zur Unterhaltungslektüre für gelangweilte Großstädter herabzuwürdigen, und sogar Kosmetiktipps in Verse gequetscht. Der Bursche schreckt vor nichts zurück!
S: Nun ist's aber genug, Gaius! Ich lasse mir meinen Ovid nicht schlecht machen, und ich bin fest davon überzeugt, dass man ihn noch in tausend, nein, in zweitausend Jahren lesen wird!
M (lacht schallend): Das glaubst du ja wohl selbst nicht!

Ovid – ein großer Dichter?

Publius Ovidius Naso wurde 43 v. Chr. in der Kleinstadt Sulmo als Sohn eines römischen Ritters geboren. Seine Ausbildung erhielt er in Rom; sie war nach dem Brauch der Zeit wesentlich von der Rhetorik bestimmt und sollte ihm die Verwaltung von Staatsämtern erleichtern. Ovid aber hatte kein besonderes Interesse an der Ämterlaufbahn und gab diese bald auf, um – gesichert durch das väterliche Vermögen – seinen dichterischen Neigungen zu leben.
Seit 20 v. Chr. veröffentlichte Ovid Werke in elegischem Versmaß und mit erotischer Thematik, darunter die »Heroinenbriefe«, in denen er sich in die Lage von berühmten Frauen der Sage, z.B. Penelope oder Ariadne, versetzte, die an ihren fernen Geliebten schreiben, und die *Ars amatoria*. Ovid befasste sich auch mit epischer und tragischer Dichtung. Seine Tragödie *Medea* z.B., die uns leider nicht erhalten geblieben ist, lobt der Literaturkritiker Quintilian (*Institutio oratoria* 10, 1, 98) ausdrücklich. Allgemeine Anerkennung erwarb sich Ovid mit seinen *Metamorphosen*, kunstvoll zu einem zusammenhängenden Ganzen komponierten Verwandlungssagen, und den – allerdings unvollendeten – *Fasti*, in denen die Feste und sonstigen bemerkenswerten Tage des römischen Kalenders dichterische

Ausschmückung erfuhren. Ovid hatte eben das 6. Buch dieses Werks beendet, als er aus Rom ins ferne Tomis verbannt wurde. Von dort aus suchte er mit seinen *Tristia* (»Liedern der Trauer«) und den *Epistulae ex Ponto* (»Briefe vom Schwarzen Meer«) die Stimmung in Rom zu seinen Gunsten zu beeinflussen, aber umsonst. Augustus blieb hart und auch sein Nachfolger Tiberius gestattete dem Dichter nicht die Rückkehr in sein geliebtes Rom. 18 n. Chr. starb er in Tomis.

Zum Zeitpunkt seiner Verbannung war Ovid der erfolgreichste Dichter Roms, wenn man die Verbreitung seiner Werke und die Größe seines Leserkreises als Maßstab nimmt. Die Anschaulichkeit seiner Schilderungen, die psychologische Einfühlung, die Treffsicherheit seiner Formulierungen und der elegante Fluss seiner Verse trugen wesentlich dazu bei.

In Vergessenheit geraten ist Ovid nie; das 11. Jahrhundert las seine Werke sogar mit besonderer Begeisterung, das Mittelalter bezog sein Wissen über die antike Mythologie hauptsächlich aus seinen *Metamorphosen;* zahllose Schöpfungen der bildenden Kunst und der Literatur sind seinem Einfluss zu danken.

Zur Gestaltung dieser Ausgabe

Die dargebotene Textauswahl versucht die von Ovid geschaffene Struktur der *Ars amatoria* erkennbar werden zu lassen und die thematische Bandbreite jedes »Großkapitels« durch repräsentative Textbeispiele zu veranschaulichen. Das können dem Leser u.a. die deutschsprachigen Zwischenüberschriften verdeutlichen. Einige Texte sind zweisprachig dargeboten. Sie schienen den Bearbeitern für die genannte Zielsetzung zwar unbedingt notwendig zu sein, bei einer sprachlich detaillierten Erschließung in der Schule aber zu viel Zeit zu beanspruchen. Ebenfalls aus zeitökonomischen Gesichtspunkten sind gelegentlich wenige Verse aus längeren Textpassagen ausgelassen oder im Kommentar übersetzt. Es handelt sich dabei meist um sprachlich oder inhaltlich besonders schwierige Stellen (z.B. mythologische Anspielungen). In diesen Fällen wird – entweder durch eine Übersetzung oder eine kurze Inhaltsangabe – die Einordnung der ausgelassenen Stellen in den Gedankengang geklärt, damit eine lückenlose Erschließung und Gliederung der Gesamtpassage möglich ist.

Den Texten sind in Teil III der Ausgabe Arbeitsaufträge zugeordnet, die
– zur Beobachtung und Deutung sprachlicher und stilistischer Erscheinungen anregen,
– den Inhalt gliedern und erschließen helfen,
– durch beigegebene Begleittexte Vergleiche mit ähnlichen oder abweichenden Einstellungen und Verhaltensweisen erlauben,
– zu einer eigenen Stellungnahme des Lesers auffordern, und
– Diskussionen und Aktivitäten anregen (»handlungsorientierte Aufgaben«),
– durch Vor- und Rückgriffe das Werk als Gesamtkunstwerk erfassen lassen.

Zum richtigen Lesen der Ovidverse will der Metrische Anhang hinführen; die wichtigsten Stilmittel sind – mit Beispielen aus den Texten – im Stilistischen Anhang zusammengestellt.

Lernwortschatz

Im Kommentar unter dem lateinischen Text sind grundsätzlich alle Vokabeln angegeben, die nicht dem Grundwortschatz angehören; darüber hinaus werden dort einige »kleine Wörter«, die man erfahrungsgemäß leicht wieder vergisst, erneut genannt. Um den Kommentar zu entlasten, sind im Folgenden ca. 60 Wörter aufgeführt, die in der Textauswahl häufiger vorkommen. Man lernt sie am besten, wenn sie zum ersten Mal in einem Text auftauchen. Deshalb sind die Textnummern jeweils dazu angegeben.

1
currus, ūs *m.* — Wagen
magister — Meister, Lehrer
repūgnāre alicui — jmdm. Widerstand leisten, sich jmdm. widersetzen

ferus — wild, ungestüm
dēns, dentis *m.* — Zahn
avis, is *f.* — Vogel
vallis, is *f.* — Tal
vātēs, is *m.* — Seher, Dichter
canere, cecinī — singen
praeceptum — Vorschrift, Empfehlung, Befehl

3
piscis, is *m.* — Fisch
fōrmōsus — schön, wohlgestaltet
vōtum — Wunsch, Verlangen

4
praecipuus, *Adv.* praecipuē — besonders, vor allem
illīc — dort, dabei
morārī — sich aufhalten; verzögern; zurückhalten
damnum — Schaden, Nachteil

5
digitus — Finger
domina — Herrin, *Geliebte, die über den Liebhaber wie über einen Sklaven die Gewalt ausübt*
puella — Mädchen, *in der Liebesdichtung* die geliebte Frau
quīlibet, quaelibet, quodlibet: — jeder Beliebige, der erste Beste
quisquis, quidquid *oder* quicquid; — wer auch immer; jeder, der; was auch immer; alles, was
quicumque, quaecumque, quodcumque
crūs, crūris *n.* — Unterschenkel, Bein

6
frōns, frontis *m.* — Stirn

7
convīvium — Gastmahl, Fest
mēnsa — Tisch
vīnum — Wein
rārus — selten
latēre — verborgen sein
faciēs, ēi *f.* — Gesicht, Aussehen

9
fidūcia Vertrauen, Zuversicht
canis, is *m.* Hund
blandus schmeichlerisch, schmeichelhaft
dissimulāre verheimlichen, sich verstellen
repulsa Zurückweisung, Niederlage
amātor, ōris *m.* Liebhaber

10
blanditia Schmeichelei
exiguus wenig, gering
īrātus erzürnt, aufgebracht, wütend
forsitan *Adv.* vielleicht
postmodo bald darauf

11
decet + *Akk.* es gehört sich für jdn., es passt zu jmdm.

14
ingenuus edel, adelig

15
flēre, flēvī, flētum weinen
timidus furchtsam, ängstlich
sinus, ūs *m.* Brust, Busen, Bausch *des Gewandes*

17
niger schwarz

20
foris, is *f.* Türflügel, *Pl.* Tür

25
fingere, finxī, fictum erfinden, vortäuschen, lügen
sollicitus beunruhigt, besorgt

27
nimis, nimium sehr, zu sehr, allzu

Texte

Text 1: Proömium
(1,1–30)

Si quis in hoc artem populo non novit amandi,
   hoc legat et lecto carmine doctus amet.
Arte citae veloque rates remoque moventur,
   arte leves currus: arte regendus Amor.
5 Curribus Automedon lentisque erat aptus habenis,
   Tiphys in Haemonia puppe magister erat:
me Venus artificem tenero praefecit Amori;
   Tiphys et Automedon dicar Amoris ego.
Ille quidem ferus est et qui mihi semper repugnet;
10 sed puer est, aetas mollis et apta regi.
Phillyrides puerum cithara perfecit Achillem
   atque animos placida contudit arte feros.
Qui totiens socios, totiens exterruit hostes,
   creditur annosum pertimuisse senem;
15 quas Hector sensurus erat, poscente magistro
   verberibus iussas praebuit ille manus.

T 1
LWS 1
3 citus: schnell
vēlum: Segel
ratis, -is *f.*: Schiff
rēmus: Ruder
4 regendus: *erg.* est
5 Automedōn: *erfahrener Wagenlenker des Achill (griechischer Held vor Troja)*
habēna: Zügel
lentus: geschmeidig
6 Tiphys: *geschickter Steuermann der Argonauten, die das Goldene Vlies von den Kolchern holten*
Haemonius: aus Thessalien *(Landschaft in Griechenland)*
puppis, -is *f.*: Heck *eines Schiffs (Arbeitsplatz des Steuermanns)*
7 artifex, -icis *m.*: Sachverständiger, Meister
tener: zart
praeficere, -fēcī + *Akk.*: jdm. die Führung übertragen

10 puer: *Amor (Sohn der Venus) wird meist als kleiner Junge mit Bogen und Pfeil dargestellt*
11 Phillyridēs: Sohn der *Nymphe* Phillyra = Chiron. *Dieser weise Kentaur (Mischwesen aus Pferd und Mensch) war Lehrer bedeutender Griechen, so auch des Helden Achill.*
cithara: Leier, Lyra
perficere, -fēcī: *vollendet* ausbilden
12 placidus: sanft
contundere, -tudī: (zer)brechen
13 totiēns: so oft
exterrēre, -terruī: heftig erschrecken
14 annōsus: sehr alt
pertimēscere, -timuī: sehr fürchten
15 Hector: *bedeutendster Held der Trojaner, im Zweikampf von Achill getötet*
16 verbera, -um *n.*: Schläge
(11–16) Übersetzung: Chiron bildete Achill als Kind auf der Lyra aus und brach sein wildes Gemüt mit sanfter Kunst. Dieser, der so oft seine Bündnispartner, so oft seine Feinde erschreckt hat, soll vor dem uralten Greis große Angst gehabt haben. Die Hände, die Hek-

Aeacidae Chiron, ego sum praeceptor Amoris;
saevus uterque puer, natus uterque dea.
Sed tamen et tauri cervix oneratur aratro,
20   frenaque magnanimi dente teruntur equi:
et mihi cedet Amor, quamvis mea vulneret arcu
pectora, iactatas excutiatque faces;
quo me fixit Amor, quo me violentius ussit,
hoc melior facti vulneris ultor ero.
25   Non ego, Phoebe, datas a te mihi mentiar artes,
nec nos aeriae voce monemur avis,
nec mihi sunt visae Clio Cliusque sorores
servanti pecudes vallibus, Ascra, tuis;
usus opus movet hoc: vati parete perito;
30   vera canam. Coeptis, mater Amoris, ades!

Text 2: Der Aufbau des Lehrprogramms (1,35–38)

35   Principio, quod amare velis, reperire labora,
qui nova nunc primum miles in arma venis;
proximus huic labor est placitam exorare puellam;
tertius, ut longo tempore duret amor.

tor noch zu spüren bekommen sollte, hielt er auf Befehl den Stockschlägen hin, wenn sein Lehrer es verlangte.
17 Aeacidēs, -ae: Enkel des Aiakos, *d. i. Achill*
praeceptor: Lehrer
18 saevus: wild
nātus deā *(Abl. originis)*: Sohn einer Göttin; *Achills Mutter ist die Nymphe Thetis, Amors Mutter die Göttin Venus*
19 cervīx, -īcis *f.*: Nacken
onerāre: belasten
arātrum: Pflug
taurus: Stier
20 frēnum: Zügel
terere: (zer)reiben
māgnanimus: stolz
21 arcus, -ūs: Bogen
quamvīs: obwohl
22 excutere: wegschleudern
fax, facis *f.*: Fackel
23 figere, fixī: treffen, durchbohren
violentus: heftig
urere, ūssī: (ver)brennen
24 ultor: Rächer

25 Phoebus: *Beiname Apolls (Gott der Weisheit und Dichtung, der die Dichter zu ihrem Werk inspiriert)*
mentīrī: lügen
26 avis, -is *f.*: Vogel; *in der Antike wurden Vögel häufig als Götterboten oder Träger von Weissagungen und Vorbedeutungen angesehen*
āerius: (hoch) fliegend
27 Cliō, -ūs *f.*: eine der neun Musen
28 pecudes servāre: Schafe hüten
Ascra: *Ort in Böotien (Griechenland) am Berge Helikon; dort sollen dem Dichter Hesiod die Musen erschienen sein und ihn zu seinem Werk inspiriert haben. Ovid spricht hier den Ort Ascra wie eine Person an (Vokativ)*
29 ūsus, -ūs: Erfahrung
perītus: erfahren
30 coeptum: Vorhaben

T 2
35 prīncipiō *Abl.*: zuerst
37 placitus, a, um: der (die, das) gefällt
exōrāre: durch Bitten erweichen
38 dūrāre: bestehen bleiben

Die Kontaktsuche

Text 3: Vorkenntnisse
(1,41–66)

Dum licet et loris passim potes ire solutis,
  elige, cui dicas: »Tu mihi sola places.«
Haec tibi non tenues veniet delapsa per auras;
  quaerenda est oculis apta puella tuis.
45 Scit bene venator, cervis ubi retia tendat;
  scit bene, qua frendens valle moretur aper;
aucupibus noti frutices; qui sustinet hamos,
  novit, quae multo pisce natentur aquae:
tu quoque, materiam longo qui quaeris amori,
50 ante, frequens quo sit, disce, puella loco.
Non ego quaerentem vento dare vela iubebo,
  nec tibi, ut invenias, longa terenda via est.
Andromedan Perseus nigris portarit ab Indis,
  raptaque sit Phrygio Graia puella viro.
55 Tot tibi tamque dabit formosas Roma puellas,
  »Haec habet«, ut dicas, »quicquid in orbe fuit«.
Gargara quot segetes, quot habet Methymna racemos,
  aequore quot pisces, fronde teguntur aves,
quot caelum stellas, tot habet tua Roma puellas:
60 mater in Aeneae constitit urbe sui.

T 3
LWS 1, 3
41 **lōrum**: Zügel
passim *Adv.*: überallhin
42 **ēligere**: auswählen
43 **dēlābī**, dēlāpsus sum: herabfallen
aura: Luft
45 **vēnātor**: Jäger
cervus: Hirsch
rētia *(n. Pl.)* **tendere**: Netze auslegen
46 **aper** *m.*: Eber
frendere: mit den Zähnen knirschen
47 **auceps**, aucupis *m.*: Vogelfänger
frutex, -icis *m.*: Busch, Strauch
nōtī: *erg.* sunt
hāmus: Angel
sustinēre = tenēre
48 **natāre**: (durch)schwimmen
50 *Erschließe den Text in dieser Wortfolge:* disce ante, quo loco puella frequens sit
puella frequēns: *sinngemäß Pl.*

(51–54) *Übersetzung:* Ich werde dir nicht empfehlen, bei deiner Suche übers Meer zu fahren, und du musst keinen langen Weg gehen, um »fündig« zu werden. Perseus mag die Andromeda von den schwarzen Äthiopiern mitgebracht haben, eine griechische Frau *(Helena)* mag von einem phrygischen Mann *(Paris)* geraubt worden sein ...
56 **haec**: *erg.* Rōma
orbis: *erg.* terrārum
57 **seges**, -etis *f.*: Saatkörner
Gargara, -ōrum *n.*: *Stadt am Idagebirge auf der griech. Insel Kreta*
Methymna: *Stadt auf der Insel Lesbos*
racēmus: Traube
58 **aequor**, -oris *n.*: Meer
frōns, frondis *f.*: Laub.
59 **stella**: Stern.
60 **Aenēās**, ae: *Sohn der Göttin Venus (trojanischer Held und Vorfahre der ersten Herrscher Roms)*

Seu caperis primis et adhuc crescentibus annis,
　　ante oculos veniet vera puella tuos;
sive cupis iuvenem, iuvenes tibi mille placebunt:
　　cogeris voti nescius esse tui.
65　Seu te forte iuvat sera et sapientior aetas,
　　hoc quoque, crede mihi, plenius agmen erit.

Text 4: Gelegenheiten
(1,89–100)

Sed tu praecipue curvis venare theatris;
90　haec loca sunt voto fertiliora tuo.
Illic invenies, quod ames, quod ludere possis,
　　quodque semel tangas, quodque tenere velis.
Ut redit itque frequens longum formica per agmen,
　　granifero solitum cum vehit ore cibum,
95　aut ut apes saltusque suos et olentia nactae
　　pascua per flores et thyma summa volant,
sic ruit ad celebres cultissima femina ludos;
　　copia iudicium saepe morata meum est.
Spectatum veniunt, veniunt, spectentur ut ipsae;
100　ille locus casti damna pudoris habet.

---

61 seu = sive
annīs: *erg.* puellae
63 iuvenis, -is: junge Frau
64 nescium esse vōtī: seinen Wunsch nicht wissen = nicht wissen, welche (Frau) man sich wünschen soll
65 iuvāre *m. Akk.*: gefallen
sērus: spät, reif
66 plēnus: reichlich
āgmen *n.*: Schar

T 4
LWS 3, 4; St 4.3
89 vēnārī: auf die Jagd gehen
curvus: rund
90 fertilis: fruchtbar
92 semel: einmal
93 formīca: Ameise

94 grānifer (grānum, ferre): Körner tragend
solitus: gewohnt
cibus: Futter
95 apis, -is f.: Biene
saltus, -ūs: Waldgebirge
olēre: duften.
-que ... et = et ... et
96 pāscua, -ōrum *n.*: Weide(land)
flōs, -ōris *m.*: Blume, Blüte
thymum: Thymian, *auch heute noch als Küchengewürz benutzt*
volāre: fliegen
97 ruere: eilen
celeber, -bris: stark besucht, festlich
cultus: schick gekleidet und geschminkt
98 cōpia: *erg.* fēminārum
iūdicium: Entscheidung
99 spectātum *(Supinum)*: um zu ...
100 castus: keusch

Abb. 1: Römisches Theater in Arausio, dem heutigen Orange in der Provence – das besterhaltene Bauwerk dieser Art in Europa.

Text 5: Annäherungsversuche
(1,135–170)

135 Nec te nobilium fugiat certamen equorum:
　　　multa capax populi commoda Circus habet.
　　Nil opus est digitis, per quos arcana loquaris,
　　　nec tibi per nutus accipienda nota est.
　　Proximus a domina nullo prohibente sedeto;
140　iunge tuum lateri, qua potes, usque latus.

T 5
LWS 5; St 4.1, 4.2
135 fugere: entgehen
136 commodum: Vorteil
capāx populī: volkreich = viel besucht
137 opus est *m. Abl.*: man braucht

arcānus: geheim
138 nūtus, -ūs: Nicken
nota: Zeichen, Botschaft
139 proximus ā: direkt neben
140 ūsque: ununterbrochen
quā: wo, wie (immer)

Et bene, quod cogit, si nolit, linea iungi,
   quod tibi tangenda est lege puella loci.
Hic tibi quaeratur socii sermonis origo
   et moveant primos publica verba sonos:
145 cuius equi veniant, facito, studiose requiras,
   nec mora: quisquis erit, cui favet illa, fave!
At cum pompa frequens caelestibus ibit eburnis,
   tu Veneri dominae plaude favente manu;
utque fit, in gremium pulvis si forte puellae
150   deciderit, digitis excutiendus erit;
etsi nullus erit pulvis, tamen excute nullum:
   quaelibet officio causa sit apta tuo.
Pallia si terra nimium demissa iacebunt,
   collige et inmunda sedulus effer humo:
155 protinus, officii pretium, patiente puella
   contingent oculis crura videnda tuis.
Respice praeterea, post vos quicumque sedebit,
   ne premat opposito mollia terga genu.
Parva levis capiunt animos; fuit utile multis
160   pulvinum facili composuisse manu;
profuit et tenui ventos movisse tabella
   et cava sub tenerum scamna dedisse pedem.

141 līnea: Absperrung *im Zirkus*
bene: *erg.* est
quod: dass
143 socius: vertraut, verbindend
144 pūblicus: allgemein
sonus: Ton, Äußerung
145 cuius ...: *abh. Fragesatz, Objekt zu* requīras
146 nec mora: und (es darf) kein(en) Aufschub, kein Zögern (geben)
favēre *m. Dat.*: jdn. favorisieren
147 pompa: Festzug *aller Teilnehmer zu Beginn der Zirkusspiele, bei dem auch Götterstatuen mitgeführt wurden*
caelestis, -is: Götterstatue
eburn(e)us: aus Elfenbein
148 plaudere: applaudieren.
149 ut fit: wie es so kommt
gremium: Schoß
pulvis, -eris *m.*: Staub
fors (*Abl.* forte) *f.*: Zufall
150 dēcidere, -cidī: (herab)fallen
excutere: herausschütteln

152 officium: Dienst(leistung)
153 pallium: Obergewand, Mantel
dēmittere: herablassen, *Pass.* herabrutschen
154 inmundus: schmutzig
sēdulus: eifrig
efferre: aufheben
humus *f.*: Boden
155 prōtinus *Adv.*: sofort
156 contingere: gelingen
crūra videnda: *Subjekt:* »die Beine zu sehen«
157 respicere: zurückblicken
quīcumque ... sedēbit: *Subjekt zum ne-Satz*
158 oppōnere: entgegenstellen
genū, -ūs *n.*: Knie
terga: *erg.* puellae
159 parva: *Nom. Pl. n.* »Kleinigkeiten«
160 pulvīnus: Kissen
161 tenuis: fein
tabella: Fächer
162 cavus, -a, -um: gewölbt
scamnum: (Fuß-) Bank, Schemel
tener, -a, -um: zart

Abb. 2: Statue einer Römerin mit *stola* (dem üblichen langen Gewand der römischen Frauen) und Mantel *(pallium)*. Die Schale in der Hand der Frau weist darauf hin, dass sie eben ein Opfer darbringt. Rom, Vatikanische Sammlungen, um 150 n.Chr.

Hos aditus Circusque novo praebebit amori
    sparsaque sollicito tristis harena foro.
165 Illa saepe puer Veneris pugnavit harena
    et, qui spectavit vulnera, vulnus habet:
    dum loquitur tangitque manum poscitque libellum
    et quaerit posito pignore, vincat uter,
    saucius ingemuit telumque volatile sensit
170 et pars spectati muneris ipse fuit.

Text 6: Geistesgegenwart und Erfindungsgabe
(1,217–228)

Ovid spricht nun von den Möglichkeiten, während eines Triumphzugs Bekanntschaften anzuknüpfen. Triumphzüge wurden den römischen Feldherren vom Senat nach bedeutenden Siegen gewährt; sie gingen vom Marsfeld zum Tempel des Jupiter auf dem Kapitol. Dort wurden dem obersten Gott zum Dank für den Sieg besonders erlesene Beutestücke geweiht. Deshalb stellte man im Triumphzug die bedeutendsten Beutestücke und Gefangenen zur Schau. Von den besiegten oder neu hinzuerworbenen Gebieten sollte sich der Zuschauer ebenfalls ein Bild machen können; deshalb wurden im Triumphzug auch Abbildungen der wichtigsten Städte und der Flüsse in Gestalt ihrer Götter aus diesen Gebieten mitgeführt.

    Spectabunt laeti iuvenes mixtaeque puellae,
      diffundetque animos omnibus ista dies.
    Atque aliqua ex illis cum regum nomina quaeret,
220   quae loca, qui montes quaeve ferantur aquae,
    omnia responde, nec tantum si qua rogabit;
      et, quae nescieris, ut bene nota refer:

---

163 -que ... – que = et ... et
164 spargere, sparsī, sparsum: ausstreuen
sollicitus: unruhig
harēna: Sand, *der für die Gladiatorenspiele auf dem Forum ausgestreut wurde, wenn eine Stadt noch kein eigenes Amphitheater hatte*
trīstis: *weil in der Arena – z.B. von den Gladiatoren – auf Leben und Tod gekämpft wurde*
167 libellus (*erg.* gladiātōrum): Programm(zettel) *zu den Gladiatorenspielen*
168 pīgnus (pīgnoris *n.*) **pōnere**: eine Wette abschließen
169 saucius: verwundet
ingemīscere, -gemuī: aufstöhnen
volātilis: geflügelt

170 mūnus, -eris *n.*: Schauspiel

T 6
LWS 1, 6; St 4.1
218 diffundere animum alicui: (den Geist jmds. =) jdn. zerstreuen
219 rēgēs: *auch besiegte Könige wurden als Gefangene im Triumphzug mitgeführt*
220 loca ... montēs .... aquae: *gemeint sind Abbildungen*
221 tantum: nur
222 referre: berichten
quae nescieris (= **quae nescīveris**): *Objekt zu* refer
ut: wie

       hic est Euphrates, praecinctus harundine frontem;
         cui coma dependet caerula, Tigris erit;
225 hos facito Armenios, haec est Danaeia Persis;
       urbs in Achaemeniis vallibus ista fuit;
       ille vel ille duces, et erunt, quae nomina dicas,
         si poteris, vere, si minus, apta tamen.

Text 7: Chancen und Gefahren am Abend (1,229–252)

Eine weitere Gelegenheit für Kontakte sind Gastmähler.

       Dant etiam positis aditum convivia mensis;
230   est aliquid praeter vina, quod inde petas.
       Saepe illic positi teneris adducta lacertis
         purpureus Bacchi cornua pressit Amor,
       vinaque cum bibulas sparsere Cupidinis alas,
         permanet et capto stat gravis ille loco.
235 Ille quidem pennas velociter excutit udas,
         sed tamen et spargi pectus Amore nocet.
       Vina parant animos faciuntque caloribus aptos;
         cura fugit multo diluiturque mero.

223 Euphrātēs, Tigris: *Flüsse, die das Zweistromland (Mesopotamien, im heutigen Irak) eingrenzten*
praecingere, -cīnxī, -cīnctum: (vorne) bekränzen
harundō, -inis *f.*: Schilf
224 coma: Haar
dēpendēre: herabhängen
caerulus: blaugrün
225 Armenius: Armenier, *in der Gegend des Euphrat wohnend*
Danaēius: *Adj. zu* Danaē, *Mutter des Perseus, dessen Sohn Perses als erster König der Perser galt*
Persis, -idis *f.*: Persien
226 Achaemenius: *Adj. zu* Achaemenēs, *Stammvater eines persischen Stamms*
228 vērē: *erg.* dīcas
sī minus: wenn nicht

T 7
LWS 4, 5, 6, 7; St 4.1
231–236 *Übersetzung:* Oft schon hat dort der purpurne Amor mit seinen zarten Armen den aufgestellten Weinkrug an sich gezogen und festgehalten und wenn der Wein die sich begierig voll saugenden Flügel Cupidos besprengt hat, dann harrt Cupido dort aus und steht fest an dem Platz, den er eingenommen hat. Er schüttelt zwar schnell die nassen Federn aus; aber es bringt schon Schaden, sich die Brust von Armor auch nur bespritzen zu lassen.
237 calor, -ōris *m.*: Glut *der Liebe*
238 dīluere: hinwegspülen
merum: ungemischter Wein; *normalerweise vermischten die Römer den Tischwein mit Wasser, damit er nicht so stark war*

19

240 Tunc veniunt risus, tum pauper cornua sumit,
tum dolor et curae rugaque frontis abit.
Tunc aperit mentes aevo rarissima nostro
simplicitas artes excutiente deo.
Illic saepe animos iuvenum rapuere puellae,
et Venus in vinis ignis in igne fuit.
245 Hic tu fallaci nimium ne crede lucernae:
iudicio formae noxque merumque nocent.

Abb. 3: Öllampe mit der Darstellung eines Liebespaars. Nachbildung eines Originals aus dem Römisch-Germanischen Museum Köln.

239 rīsus, -ūs: Lachen
pauper cornua sūmit: der Arme gewinnt Mut (vgl. St. 1)
240 rūga: Falte
241 aevum: Zeit
aevō nostrō: *meint Ovids Lebenszeit*
242 simplicitās *f.*: Aufrichtigkeit
excutere: vertreiben
deus: *erg. des Weins*
245 fallāx, ācis: trügerisch
lucerna: Öllampe

>Luce deas caeloque Paris spectavit aperto,
>   cum dixit Veneri: »Vincis utramque, Venus.«
>Nocte latent mendae vitioque ignoscitur omni,
250 horaque formosam quamlibet illa facit.
>Consule de gemmis, de tincta murice lana,
>   consule de facie corporibusque diem.

Die Werbung

Text 8: Überleitung
(1,263–268)

Ovid führt mit einer kurzen Überleitung das zweite Thema seines Lehrprogramms ein.

>Hactenus, unde legas, quod ames, ubi retia ponas,
>   praecipit imparibus vecta Thalea rotis.
265 Nunc tibi quae placuit, quas sit capienda per artes,
>   dicere praecipuae molior artis opus.
>Quisquis ubique, viri, dociles advertite mentes
>   pollicitisque favens vulgus adeste meis.

---

247 lūx, -cis *f.*: (Tages)licht
apertus: offen, heiter
Paris: *Sohn des Königs Priamos von Troja, erklärte als Schiedsrichter im Schönheitswettbewerb der Göttinnen Venus, Juno und Minerva Venus zur Siegerin und erhielt von ihr dafür Helena, die schönste Frau der damaligen Zeit*
249 menda: *Schönheits-*Fehler
251 gemma: Edelstein
mūrex, -icis *m.*: Purpur*farbe*
lāna: Wolle
tingere, tīnxī, tinctum: färben

T 8
LWS 4
263 hāctenus: so weit
rēte, -is *n.*: Netz *des Jägers*, Falle

264 Thalēa = Thalīa, *Muse der heiteren Dichtung*
praecipere: lehren
impār: ungleich
rota: Rad. *Die »ungleichen Räder« symbolisieren das Distichon* (vgl. M3.1)
265 quae (*erg.* puella) **placuit**: *der Relativsatz ist das Subjekt zu dem folgenden indirekten Fragesatz*
266 molīrī: beabsichtigen, schaffen
267 quisquis ubīque: wer auch immer, wo auch immer
docilis: lernwillig
advertere mentem: (die Aufmerksamkeit zuwenden =) aufpassen
268 pollicitum: Versprechen
favēre *m. Dat.*: günstig gesinnt sein

Text 9: Warten auf Werbung
(1,269–346)

        Prima tuae menti veniat fiducia cunctas
270   posse capi: capies, tu modo tende plagas.
        Vere prius volucres taceant, aestate cicadae,
          Maenalius lepori det sua terga canis,
        femina quam iuveni blande temptata repugnet;
          haec quoque, quam poteris credere nolle, volet.
275   Utque viro furtiva Venus, sic grata puellae;
          vir male dissimulat, tectius illa cupit.
        Conveniat maribus, ne quam nos ante rogemus,
          femina iam partes victa rogantis aget.
        Mollibus in pratis admugit femina tauro,
280   femina cornipedi semper adhinnit equo:
        parcior in nobis nec tam furiosa libido;
          legitimum finem flamma virilis habet.

In den Versen 283–340 folgen Beispiele für die *furiōsa libīdō* mythischer Frauengestalten. Dann schließt Ovid das Thema folgendermaßen ab:

        Omnia feminea sunt ista libidine mota;
          acrior est nostra plusque furoris habet.
        Ergo age, ne dubita cunctas sperare puellas:
          vix erit e multis, quae neget, una, tibi.
345   Quae dant quaeque negant, gaudent tamen esse rogatae:
          ut iam fallaris, tuta repulsa tua est.

T 9
LWS 1, 9
269 cūnctās: *erg.* puellās
270 plagās tendere: Netze auslegen
271 prius: eher
volucris, -is *f.*: Vogel
cicāda: Zikade, Grille
272 Maenalius: *Adj. zu* Maenalus *(Gebirge in Arkadien)*
lepus, -oris *m.*: Hase
terga dare: fliehen
273 temptāre: (zu erobern) versuchen
274 quam ... nōlle: *A.c.i. zu* crēdere (»die, wie du vielleicht glaubst, nicht will«)
275 fūrtīvus: heimlich
grāta: *erg.* est
276 tēctus: verdeckt
277 convenit maribus: die Männer vereinbaren
quam: *erg.* fēminam

ante *Adv.*: vorher, zuerst
278 partēs alicuius agere: jds. Rolle übernehmen
279 prātum: Wiese
admūgīre: anbrüllen
taurus: Stier
280 cornipēs, -edis *Adj.*: mit Hufen aus Horn ausgestattet
adhinnīre *m. Dat.*: anwiehern
281 parcus: sparsam
furiōsus: rasend
282 lēgitimus: angemessen
virīlis: männlich
341 fēmineus: *Adj. zu* fēmina
342 ācrior: *erg.* libīdō
furōris: *Gen. partitivus zu* plūs
nostrā (*erg.* libīdine): *Abl. comparationis*
343 nē dubitā: *verneinter Imperativ*
346 ut *m. Konj.*: auch wenn
tūtus: gefahrlos

Text 10: Der Liebesbrief
(1,437–486)

    Cera vadum temptet rasis infusa tabellis,
      cera tuae primum conscia mentis eat;
    blanditias ferat illa tuas imitataque amantum
440   verba, nec exiguas, quisquis es, adde preces.
    Hectora donavit Priamo prece motus Achilles;
      flectitur iratus voce rogante deus.
    Promittas facito, quid enim promittere laedit?
      Pollicitis dives quilibet esse potest.

Abb. 4: Nachbildung von zwei zusammenklappbaren Schreibtäfelchen (sog. Diptychon) und eines *stilus*; mit dem spachtelförmigen Ende konnte Geschriebenes durch Überstreichen getilgt werden.

T 10
LWS 3, 5, 7, 9, 10; St 4.1, 4.3
437 cēra: Wachs, *der Belag auf dem Schreibtäfelchen, in den die Buchstaben mit einem Griffel* (stilus) *eingeritzt wurden.*
rādere, rāsī, rāsum: glätten
īnfundere, -fūdī, -fūsum *m. Dat.*: hineinschütten in
tabella: Täfelchen
cēra rāsīs īnfūsa tabellīs: *Umschreibung für* Brief

vadum: Furt, seichte Stelle
temptāre: erproben
438 cōnscius(-a): Mitwisser(in)
439 imitārī: nachahmen
441 Hector, *Akk.* -ora: *Haupteld der Trojaner, von Achill besiegt und getötet*
Priamus: *König von Troja, Vater Hektors; er erreichte von Achill, dass er ihm die Leiche seines Sohnes zur Bestattung freigab*
443 prōmittas: *von* facitō *abh. Wunsch(satz)*
444 pollicitum: Versprechen

445 Spes tenet in tempus, semel est si credita, longum;
illa quidem fallax, sed tamen apta, dea est.
Si dederis aliquid, poteris ratione relinqui:
praeteritum tulerit perdideritque nihil.
At quod non dederis, semper videare daturus:
450 sic dominum sterilis saepe fefellit ager.
Sic, ne perdiderit, non cessat perdere lusor,
et revocat cupidas alea saepe manus.
Hoc opus, hic labor est primo sine munere iungi:
ne dederit gratis, quae dedit, usque dabit.
455 Ergo eat et blandis peraretur littera verbis
exploretque animos primaque temptet iter:
littera Cydippen pomo perlata fefellit,
insciaque est verbis capta puella suis.
Disce bonas artes, moneo, Romana iuventus,
460 non tantum trepidos ut tueare reos:
quam populus iudexque gravis lectusque senatus,
tam dabit eloquio victa puella manus.
Sed lateant vires, nec sis in fronte disertus;
effugiant voces verba molesta tuae.
465 Quis, nisi mentis inops, tenerae declamat amicae?
Saepe valens odii littera causa fuit.
Sit tibi credibilis sermo consuetaque verba,
blanda tamen, praesens ut videare loqui.

445 spēs: Hoffnung,
Spēs: *Göttin der Hoffnung*
semel: einmal
446 quidem: zwar
fallāx: trügerisch
448 praeteritus: vergangen
ferre, tulī: davontragen
tulerit: *erg.* puella
450 sterilis: unfruchtbar
451 cessāre: aufhören
lūsor: Spieler
452 ālea: Würfel
454 dederit: *erg.* puella
grātīs: umsonst
ūsque *Adv.*: immer
455 litteram perarāre: einen Brief *(inhalt in die Wachstafel einritzen =)* schreiben
456 animōs: *erg.* puellae
457 pōmum: Apfel
Cȳdippē, *Akk.* -ēn: Cydippe. *Acontius schrieb, um Cydippe zu gewinnen, auf einen Apfel die Worte: »Ich schwöre bei Diana, Acontius zum Mann zu nehmen!« und ließ diesen Apfel vor Cydippes Füße rollen. Diese hob ihn auf, las – wie in der Antike üblich – laut die Aufschrift und verpflichtete sich so zu dieser Verbindung.*
458 īnscius: ahnungslos
459 ars, artis *f.*: Fertigkeit
artēs bonae: *die Studienfächer eines vornehmen Römers, u.a. Rhetorik*
460 trepidus: zitternd
461 lēctus: erlesen, gewandt
462 ēloquium: Redegewandtheit
463 in fronte: offensichtlich
disertus: redegewandt
464 vōx, -cis *f.*: Äußerung
molestus: unangenehm, »affektiert«
465 mentis inops: »arm an Geist« = Dummkopf
dēclāmāre: *wie ein Redner mit Pathos einen Vortrag halten*
466 valēns: stark, kräftig
467 crēdibilis: glaubhaft

Si non accipiet scriptum inlectumque remittet,
470   lecturam spera propositumque tene.
Tempore difficiles veniunt ad aratra iuvenci
    tempore lenta pati frena docentur equi.
Ferreus adsiduo consumitur anulus usu,
    interit adsidua vomer aduncus humo.
475   Quid magis est saxo durum, quid mollius unda?
    Dura tamen molli saxa cavantur aqua.
Penelopen ipsam, persta modo, tempore vinces:
    capta vides sero Pergama, capta tamen.
Legerit et nolit rescribere, cogere noli;
480   tu modo, blanditias, fac, legat usque tuas.
Quae voluit legisse, volet rescribere lectis:
    per numeros veniunt ista gradusque suos.
Forsitan et primo veniet tibi littera tristis
    quaeque roget, ne se sollicitare velis;
485   quod rogat illa, timet; quod non rogat, optat, ut instes;
    insequere et voti postmodo compos eris.

469 inlēctus: ungelesen
470 lēctūram: *statt* puellam scrīptum lēctūram esse
prōpositum: Plan
471 arātrum: Pflug
iuvencus: Jungstier
472 lentus: geschmeidig
frēnum: Zügel
473 ānulus: Ring
ferreus: eisern
adsiduus: dauerhaft
474 vōmer: Pflugschar
aduncus: gekrümmt
476 cavāre: aushöhlen
477 Pēnelopē, *Akk.* -ēn: *Ehefrau des Odysseus, wartete über zehn Jahre auf ihren vermissten Mann, ohne sich – trotz zahlreicher Angebote – neu zu vermählen*
perstāre: hartnäckig sein

478 Pergama, -ōrum *n.*: Pergamon, *die Burg von Troja, das erst nach zehnjähriger Belagerung von den Griechen eingenommen werden konnte*
479 lēgerit: *erg.* puella litteram
480 legat: *von* fac *abh. Wunsch(satz)*
ūsque *Adv.*: immer wieder
482 per numerōs gradūsque suōs: Schritt für Schritt
484 quaeque roget: *durch* –que *mit* trīstis *gleichgeordnetes Attribut*
sē: *Reflexivpronomen im innerlich abh. Gliedsatz;* puella *wird hier (statt* littera) *als übergeordnetes Subjekt gedacht*
485 īnstāre: *mit Bitten* bestürmen, nicht aufhören
486 compos esse *m. Gen.*: im Genuss von etw. sein

Text 11: Gepflegtes Aussehen
(1,505–524)

505 Sed tibi nec ferro placeat torquere capillos,
 nec tua mordaci pumice crura teras;
 ista iube faciant, quorum Cybeleia mater
 concinitur Phrygiis exululata modis.
 Forma viros neglecta decet: Minoida Theseus
510 abstulit a nulla tempora comptus acu;
 Hippolytum Phaedra, nec erat bene cultus, amavit;
 cura deae silvis aptus Adonis erat.
 Munditie placeant, fuscentur corpora Campo;
 sit bene conveniens et sine labe toga.
515 Lingua ne rigeat; careant rubigine dentes;
 nec vagus in laxa pes tibi pelle natet.
 Nec male deformet rigidos tonsura capillos:
 sit coma, sit trita barba resecta manu.
 Et nihil emineant et sint sine sordibus ungues,
520 inque cava nullus stet tibi nare pilus.

T 11
LWS 1, 5, 11; St 4.2, 4.3
505 torquēre: drehen
capillus: Haar
capillōs torquēre: die Haare ondulieren, *d.h. Wellen ins Haar machen*
506 mordāx, -cis: kratzend
pūmex, -icis *m.*: Bimsstein
terere: reiben
507 iubē: *abgeschwächt* lass!
Cybelēia māter: *die aus Phrygien (Kleinasien) stammende* Mutter*(gottheit)* Kybele; *ihre männlichen Verehrer tanzten, begleitet von schrillen Flöten, Trommeln und Rasseln, für sie; ihre Priester kastrierten sich sogar*
508 concinere: besingen *(im Chor)*
exululāre: durch Aufheulen verehren
modus: Melodie, Weise
509 Mīnōis, *Akk.* -ida: Tochter des Minos, *d. i. Ariadne, die sich in Theseus verliebte, ihm half, den Stiermenschen Minotaurus zu besiegen, und mit ihm ihre Heimat Kreta verließ*
510 tempus, -oris *n.*: Schläfe, *Pl.* Haupt
cōmere, cōmpsī, cōmptum: ordnen
acus, -ūs *f.*: Nadel
511 Hippolytus: *ein junger Mann, in den sich seine Stiefmutter Phädra verliebte*
512 Adōnis: *ein besonders schöner Grieche, der sich aus Jagdleidenschaft viel in Wäldern aufhielt, von Venus geliebt*
silvīs aptus: in den Wäldern zu Hause
513 munditiēs, -ēi *f.*: Sauberkeit
fuscāre: bräunen
Campus *(erg.* Mārtius*)*: das Marsfeld *in Rom, Versammlungsort der Römer bei Volksversammlungen, Exerzierplatz der Soldaten*
514 convenīre: passen
lābēs, -is *f.*: Fleck
515 rigēre: starr sein
rūbīgō, -inis: Zahnfäule, Karies
516 vagus: rundherum locker
laxus: weit *(ausgetreten)*
pellis, -is *f.*: *hier* Schuh
natāre: schwimmen
517 dēfōrmāre: verunstalten
rigidus: struppig
tōnsūra: Haarschnitt
518 coma: (Haupt)haar
barba: Bart
resecāre: (zurück-)schneiden
trītus: (oft benutzt =) geübt
519 ēminēre: (lang) hervorstehen
sordēs, -is *f.*: Schmutz
unguis, -is *m.*: (Finger)nagel
520 cava nāris, -is *f.*: Nasenloch
pilus: Haar

Nec male odorati sit tristis anhelitus oris,
nec laedat naris virque paterque gregis.
Cetera lascivae faciant, concede, puellae
et si quis male vir quaerit habere virum.

Text 12: Rollenspiel
(1,707–722)

A, nimia est iuveni propriae fiducia formae,
exspectat si quis, dum prior illa roget.
Vir prior accedat, vir verba rogantia dicat;
710   excipiat blandas comiter illa preces.
Ut potiare, roga: tantum cupit illa rogari;
da causam voti principiumque tui.
Iuppiter ad veteres supplex heroidas ibat;
corrupit magnum nulla puella Iovem.
715 Si tamen a precibus tumidos accedere fastus
senseris, incepto parce referque pedem.
Quod refugit, multae cupiunt; odere, quod instat:
lenius instando taedia tolle tui.
Nec semper veneris spes est profitenda roganti;
720   intret amicitiae nomine tectus amor.
Hoc aditu vidi tetricae data verba puellae;
qui fuerat cultor, factus amator erat.

521 **odōrātus**: *hier*: riechend
anhēlitus, -ūs: Atem
522 **grex**, gregis *m.*: Herde
virque paterque gregis: »Ziegenbock«
523 **lascīvus**: *bewusst* aufreizend
faciant: *von* concēde *abh. Wunsch(satz)*
524 **malus**: *vom (Rollen-) Verhalten her* verkehrt, »unmännlich«

T 12
LWS 3, 9; St 4.1
710 **cōmiter** *Adv.*: freundlich
713 **Iuppiter**: *Göttervater, der zahllose Liebesaffären mit Göttinnen, Halbgöttinnen und irdischen Frauen hatte*
supplex: demütig bittend
hērōis, *Akk.* -ida: Halbgöttin

714 **corrumpere**, -rūpī, -ruptum: verführen
715 **tumidus**: aufgeblasen
fastus, -ūs *m.*: Stolz
716 **inceptum**: Unternehmung
pedem referre: fliehen
717 **īnstāre**: sich aufdrängen
718 **taedium**: Ekel
tuī: *Gen. von* tū
719 **profitērī**: offen bekennen
rogantī: *Dat. auctoris*
720 **tegere**, tēxī, tēctum: verdecken
721 **tetricus**: spröde
verba dare *m. Dat.*: jdn. täuschen, hinters Licht führen
data: *erg.* esse
722 **cultor**: Verehrer, Freund

Das Fesseln des Partners

Text 13: Zwischenbilanz
(2,1–20)

Dicite »Io Paean« et »io« bis dicite »Paean«:
   decidit in casses praeda petita meos.
Laetus amans donat viridi mea carmina palma
   praelata Ascraeo Maeonioque seni.
5 Talis ab armiferis Priameius hospes Amyclis
   candida cum rapta coniuge vela dedit;
talis erat, qui te curru victore ferebat,
   vecta peregrinis Hippodamia rotis.
Quid properas, iuvenis? Mediis tua pinus in undis
10 navigat et longe, quem peto, portus abest.
Non satis est venisse tibi me vate puellam;
   arte mea capta est, arte tenenda mea est.
Nec minor est virtus, quam quaerere, parta tueri:
   casus inest illic, hoc erit artis opus.
15 Nunc mihi, si quando, puer et Cytherea, favete;
   nunc Erato, nam tu nomen Amoris habes.

T 13
1 Ruft »Iō Paeān«, ruft ein zweites Mal »Io Paean« *(Bezeichnung für den an Apoll gerichteten Jubel- bzw. Siegesgesang)*: denn die ersehnte Beute ist mir ins Netz gegangen.
3 Voll Freude zeichnet der Liebende mein Gedicht mit der Siegespalme aus, weil er es Hesiods und Homers Liedern vorzieht *(Hesiod stammte aus der Stadt Ascra in Böotien, Homer aus Maeonien in Kleinasien).*
5 So hat auch der Gastfreund aus Troja die weißen Segel gesetzt, um mit seiner geraubten Gemahlin aus dem kriegerischen Amyklai zu entkommen *(Paris, der Sohn des Königs Priamos von Troja, hielt sich als Gast des Königs Menelaos in Sparta auf und entführte dessen Frau Helena; Amyklai ist eine Stadt in der Nähe von Sparta)*
7 In der gleichen Verfassung war der, der dich auf seinem siegreichen Wagen davontrug, Hippodamia, die du nun auf dem fremden Gespann dahinfuhrst *(alle Bewerber um Hippodamia mussten mit deren Vater Oinomaos, dem König von Pisa, ein Wagenrennen auf Leben und Tod austragen; nach vielen Versuchen anderer Bewerber gelang schließlich Pelops der Sieg, weil er den Wagenlenker des Oinomaos bestochen hatte).*
9 Warum eilst du so, junger Mann? Noch segelt dein Schiff mitten auf den Wellen des Meeres, noch ist der Hafen, den ich suche, weit entfernt.
11 Es genügt nicht, dass durch meine Lehre ein Mädchen zu dir gefunden hat: Gefangen ist sie zwar schon durch meine Kunst, sie muss aber noch durch meine Kunst auf Dauer an dich gebunden werden.
13 Denn nicht geringer ist die Fähigkeit, das Erworbene zu behalten, als es zu erwerben: Bisher hat der Zufall mitgewirkt, alles Weitere aber wird Sache des eigenen Könnens sein.
15 Wenn ihr, du Knabe *(d. i. Amor)* und du Herrin von Kythera *(d. i. Venus, die auf der Insel Kythera südöstlich von Lakonien eine Kultstätte hatte)*, mir jemals gewogen wart, so seid es auch jetzt; sei nun auch du, Erato *(Muse der Liebesdichtung)*, mir günstig gesinnt, denn du hast ja deinen Namen von Eros *(= Amor)*.

Magna paro: quas possit Amor remanere per artes,
dicere, tam vasto pervagus orbe puer.
Et levis est et habet geminas, quibus avolet, alas;
20   difficile est illis inposuisse modum.

Text 14: Reiz geistiger Gaben
(2,111–126)

Ut dominam teneas nec te mirere relictum,
ingenii dotes corporis adde bonis.
Forma bonum fragile est, quantumque accedit ad annos,
fit minor et spatio carpitur ipsa suo.
115 Nec violae semper nec hiantia lilia florent,
et riget amissa spina relicta rosa;
et tibi iam venient cani, formose, capilli,
iam venient rugae, quae tibi corpus arent.
Iam molire animum, qui duret, et adstrue formae:
120 solus ad extremos permanet ille rogos.
Nec levis ingenuas pectus coluisse per artes
cura sit et linguas edidicisse duas:
non formosus erat, sed erat facundus Ulixes,
et tamen aequoreas torsit amore deas.

17 Großes will ich beginnen: Ich will sagen, mit welchen Kunstmitteln Amor zum Ausharren veranlasst werden kann, der Knabe, der auf der weiten Erde so unstet hin und her eilt.
19 Denn er ist leicht und hat zwei Flügel, mit denen er wegfliegen könnte; ihm Mäßigung aufzuerlegen ist schwer.

T 14
LWS 3, 14; St 4.1
112 dōs, dōtis: Gabe
bonum: Vorteil, Gut
113 fragilis: zerbrechlich
114 carpere: verzehren
spatium: Lebensdauer
115 viola: Veilchen
hiāre: (die Blüte) öffnen
līlium: Lilie
116 rigēre: starr *(leblos)* sein
spīna: Dorn
rosa: Rose(nblüte)
117 cānus: grau
capillus: Haar
118 rūga: Falte
arāre: pflügen, durchfurchen
119 molīrī: in Bewegung setzen
molīre: *Imperativ*
dūrāre: bleiben
adstruere: hinzufügen
120 rogus: Scheiterhaufen, *auf dem die Toten verbrannt wurden*
121 levis: leicht
pectus, -oris *n.*: *hier* Geist
colere, coluī, cultum: ausbilden
122 ēdiscere: gründlich lernen
linguae duae: *Lateinisch und Griechisch, die beiden damaligen »Weltsprachen«*
123 facundus: redegewandt
Ulixēs: Odysseus, *der von Homer »erfindungsreich« genannt wird: Von ihm stammte die Idee, das Hölzerne Pferd zu bauen; er wurde u.a. zu Achill gesandt, um ihn zu überreden, wieder am Kampf der Griechen vor Troja teilzunehmen*
124 aequoreus: *Adj. zu* aequor, -oris *n.* Meer
torquēre, torsī: drehen, beunruhigen

125 O quotiens illum doluit properare Calypso
    remigioque aptas esse negavit aquas!

Text 15: Aktive Liebesbeweise

Anpassung und weises Nachgeben (2,173–202)

   At vos, si sapitis, vestri peccata magistri
       effugite et culpae damna timete meae.
175 Proelia cum Parthis, cum culta pax sit amica
       et iocus et, causas quicquid amoris habet.
   Si nec blanda satis nec erit tibi comis amanti,
       perfer et obdura: postmodo mitis erit.
   Flectitur obsequio curvatus ab arbore ramus;
180   frangis, si vires experiare tuas.
   Obsequio tranantur aquae, nec vincere possis
       flumina, si contra, quam rapit unda, nates.
   Obsequium tigrisque domat Numidasque leones;
       rustica paulatim taurus aratra subit.

197 Cede repugnanti: cedendo victor abibis;
       fac modo, quas partes illa iubebit, agas.

---

125 quotiēns: wie oft
Calypsō: *Halbgöttin auf der Insel Ogygia, wohin Odysseus während seiner Irrfahrten verschlagen wurde. Sie verliebte sich in ihn und ließ ihn lange Zeit nicht von der Insel weg*
126 rēmigium: (Ruder =) Fahren mit dem Schiff

T 15
LWS 1, 4, 9, 10, 14, 15; St 4.1, 4.2, 4.3
173 sapere: klug sein
peccātum: Fehler
174 culpa: *schuldhaftes* Fehlverhalten
175 Parthī, -ōrum: Parther, *wildes, kriegerisches Volk südlich vom Kaspischen Meer*
cultus: fein, kultiviert
176 iocus: Scherz, Flirt
quicquid: *Subjekt zu* habet
amōris: *Gen.-Attr. zu* causās

177 cōmis: freundlich
178 obdūrāre: aushalten
mītis: mild, sanft
179 obsequium: *geschickte* Anpassung *an das Material*
curvāre: krümmen, biegen
rāmus: Ast, Zweig
181 trānā(tā)re: durchschwimmen
182 unda: Welle
183 Numidus *Adj.*: aus Numidien *(Nordafrika)*
184 arātrum: Pflug
185–196 *Inhalt: Als weiterer Beweis für* obsequium *als Mittel zum Erfolg nennt Ovid den Mythos von Atalante, einer im Wald aufgewachsenen jungen Frau, die lange Zeit zu ihren Verehrern spröde und grausam war, schließlich aber doch Milanion unterlag*
198 partēs agere: (eine) Rolle spielen
agas: *von* fac *abh. Wunsch(satz)*

Arguet: arguito; quicquid probat illa, probato;
200   quod dicet, dicas; quod negat illa, neges.
Riserit: adride; si flebit, flere memento:
    imponat leges vultibus illa tuis.

Kavaliersdienste (2,209–222)

Ipse tene distenta suis umbracula virgis,
210   ipse fac in turba, qua venit illa, locum.
Nec dubita tereti scamnum producere lecto,
    et tenero soleam deme vel adde pedi.
Saepe etiam dominae, quamvis horrebis et ipse,
    algenti manus est calficienda sinu.
215 Nec tibi turpe puta (quamvis sit turpe, placebit)
    ingenua speculum sustinuisse manu.
Ille, fatigata praebendo monstra noverca
    qui meruit caelum, quod prior ipse tulit,
inter Ioniacas calathum tenuisse puellas
220   creditur et lanas excoluisse rudes.
Paruit imperio dominae Tirynthius heros:
    i nunc et dubita ferre, quod ille tulit.

Bedingungsloser Einsatz (2,223–250)

Iussus adesse foro, iussa maturius hora,
    fac, semper venias, nec nisi serus abi.
225 Occurras aliquo, tibi dixerit: omnia differ;
    curre, nec inceptum turba moretur iter.

---

201 adridēre, -rīsī: anlachen
mementō: *Imperativ zu* meminisse
209 distinēre, -tinuī, -tentum: aufspannen
umbrāculum: Sonnenschirm
virga: Stange
210 quā: da, wo; wohin
211 dubitāre: zögern
teres, teretis: glatt (rund) gedrechselt
scamnum: Fußbank
producere: hervorholen
212 tener: zart
solea: Sandale
dēmere: abnehmen
213 quamvīs: wie sehr auch
214 algēre: frieren
calficere: (an)wärmen
216 ingenuus: frei geboren
speculum: Spiegel
speculum sustinēre: *normalerweise Aufgabe von Sklaven*

217–222 *Übersetzung*: Herkules hat sich, als seine Stiefmutter es *(auf die Dauer)* leid geworden war ihm Ungeheuer entgegenzuschicken, den Himmel verdient, den er vorher selbst *(auf seinen Schultern)* getragen hatte; trotzdem soll er unter jonischen Mädchen den Korb gehalten und rohe Wolle gesponnen haben. Der Held aus Tiryns gehorchte dem Befehl einer Herrin: Geh nur und zögere du jetzt noch zu ertragen, was er ertragen hat.
223 iussus (*Part. zu* iubēre) *bezieht sich auf den angeredeten Mann*
224 venias: *von* fac *abh. Wunsch(satz)*
sērus: spät
225 occurras: *von* dīxerit *abh. Wunsch(satz)*
aliquō *Adv.*: irgendwohin
dīxerit: *erg.* sī

Nocte domum repetens epulis perfuncta redibit:
tunc quoque pro servo, si vocat illa, veni.
Rure erit et dicet, venias; Amor odit inertes:
230   si rota defuerit, tu pede carpe viam.
Nec grave te tempus sitiensque Canicula tardet
nec via per iactas candida facta nives.
Militiae species amor est: discedite, segnes;
non sunt haec timidis signa tuenda viris.
235   Nox et hiems longaeque viae saevique dolores
mollibus his castris et labor omnis inest.
Saepe feres imbrem caelesti nube solutum
frigidus et nuda saepe iacebis humo.
Cynthius Admeti vaccas pavisse Pheraei
240   fertur et in parva deliuisse casa;
quod Phoebum decuit, quem non decet? Exue fastus,
curam mansuri quisquis amoris habes.
Si tibi per tutum planumque negabitur ire
atque erit opposita ianua fulta sera,
245   at tu per praeceps tecto delabere aperto,
det quoque furtivas alta fenestra vias.
Laeta erit et causam tibi se sciet esse pericli;
hoc dominae certi pignus amoris erit.
Saepe tua poteras, Leandre, carere puella;
250   transnabas, animum nosset ut illa tuum.

227 epulae, -ārum: Gastmahl
perfungī, perfunctus sum *m. Abl.*: etw. (bis zu Ende) genießen
repetere: wieder zurück wollen
229 rūs, rūris *n.*: Land(gut)
iners: träge, faul
230 rota: Rad, Wagen
viam carpere: einen Weg zurücklegen
231 tempus: Jahreszeit, Wetter
sitīre: trocken, heiß sein
Canīcula: *Sirius, der* Hundsstern, *dessen Aufgang glühende Hitze bringt (»Hundstage«)*
tardāre: aufhalten
232 candidus: weiß
nix, nivis *f.*: Schnee(flocken)
233 mīlitia: Kriegsdienst
sēgnis: träge, schlaff
234 signa tuērī: die Feldzeichen schützen
237 imber, -bris *m.*: (Gewitter)regen
caelestis: am Himmel
nūbēs, -is *f.*: Wolke
238 frīgidus: kalt
239–242 *Übersetzung:* Apollon (vom Berge Cynthus) soll die Kühe des Admet von Pherai gehütet und in einer kleinen Hütte Unterschlupf gefunden haben: Was für Phoebus gut genug war, für wen ist das nicht gut genug? Wer Interesse an dauerhafter Liebe hat, lege seinen Stolz ab!
243 plānus: eben
244 oppōnere, -posuī, -positum: vorschieben
iānua: Tür
sera: Riegel
fulcīre, fulsī, fultum: (stützen =) verschließen
245 dēlābī: hinabgleiten
per praeceps: kopfüber in die Tiefe
246 fūrtīvus: heimlich
fenestra: Fenster
247 laeta: *erg.* domina
248 pignus, -oris *n.*: (Unter-)pfand
249 Leander: *junger Mann aus Abydos am Hellespont, der in die Aphroditepriesterin Hero aus Sestos (auf der anderen Seite der Meerenge) verliebt war. Da seine Eltern eine Heirat verboten hatten, schwamm er jede Nacht (vgl. Impf.* trānsnābās) *durch den Hellespont zu seiner Geliebten*
250 trānsnāre: hinüberschwimmen
nōsset = nōvisset

Text 16: Anerkennung und Bewunderung
(2,295–306; 311–314)

295 Sed te, cuicumque est retinendae cura puellae,
attonitum forma, fac, putet esse sua.
Sive erit in Tyriis, Tyrios laudabis amictus;
sive erit in Cois, Coa decere puta.
Aurata est: ipso tibi sit pretiosior auro;
300 gausapa si sumit, gausapa sumpta proba.
Astiterit tunicata: »Moves incendia« clama,
sed timida, caveat frigora, voce roga.
Compositum discrimen erit: discrimina lauda;
torserit igne comam: torte capille, place.
305 Bracchia saltantis, vocem mirare canentis,
et, quod desierit, verba querentis habe.
311 Tantum, ne pateas verbis simulator in illis,
effice nec vultu destrue dicta tuo.
Si latet, ars prodest; adfert deprensa pudorem
atque adimit merito tempus in omne fidem.

T 16
LWS 1, 7
295 tē ... attonitum esse: *von* putet *abh. A.c.i.*
cuicumque *Dat. possessivus: die in te angesprochene Person wird verallgemeinert*
cūra: Sorge, Interesse
297 Tyrius *Adj.*: aus Tyros, *einer Stadt in Phönikien, die durch ihre Purpurfärbereien bekannt war*
amictus, -ūs: *Pl.* Gewand, »Kleid«
298 Cōus *Adj.*: *von der Insel Kos, wo besonders feine Seide hergestellt wurde*
Cōa, -ōrum: koische Gewänder
decēre: passend sein, jmdm. stehen
299 aurātus: *in ein* golddurchwirkt*es Gewand gehüllt*
pretiōsus: kostbar
300 gausapum: Flauschkleid *aus einem (auf der einen Seite zottigen, auf der anderen Seite glatten) Wollstoff*
301 assistere, astitī: sich hinstellen
tunicātus: in der Tunika, *ein ärmelloses, um* den Leib gegürtetes Hemd, das röm. Untergewand
incendia *(n. Pl.)* **movēre** (*erg*, mē): in Flammen setzen
302 caveat: *von* roga *abh.* Wunsch(satz)
303 discrīmen (-inis *n.*) **compōnere**: einen Scheitel *(im Haar)* ziehen
304 comam īgne torquēre (torsī, tortum): das Haar *mit einer heißen Schere* ondulieren
capillus: Haar
305 bra(c)chium: Arm
saltāre: tanzen
306 quod dēsierit: Objekt(satz) *zu* querentis
querī: bedauern
311 tantum: nur
patēre: (offen dastehen =) erkannt werden
simulātor: Heuchler
312 dēstruere: (zerstören =) unglaubhaft machen
dictum: Wort
313 dēpre(he)ndere, (-he)ndī, (-hē)nsum: entdecken
pudor, -ōris *m.*: *hier* Schande

Text 17: Schönheitsoperationen
(2,641–662)

641   Parcite praecipue vitia exprobrare puellis,
      utile quae multis dissimulasse fuit.

In den Versen 643–656 führt Ovid zwei mythologische Beispiele als Beweise für seine These an und stellt im Anschluss daran fest, dass man ohnehin nur zu Anfang alle Fehler wahrnimmt. Wie die Nase mit der Zeit Gerüche als selbstverständlich empfindet, die sie zunächst als unerträglich zurückgewiesen hat, so deckt die Zeit auch die körperlichen Mängel der Geliebten zu. Ovid gibt deshalb den Männern folgende Empfehlungen:

       Nominibus mollire licet mala: »Fusca« vocetur,
         nigrior Illyrica cui pice sanguis erit;
       si paeta est, »Veneri similis«; si rava, »Minervae«;
660   sit »gracilis«, macie quae male viva sua est.
       Dic »habilem«, quaecumque brevis, quae turgida, »plenam«,
         et lateat vitium proximitate boni.

T 17
LWS 4, 17
641 parcere: sich hüten
exprobrāre: vorwerfen
642 quae (= vitia) **dissimulā(vi)sse**: *Subjekt zu* ūtile fuit
657 malum: Nachteil, Fehler
mollīre: mildern
fuscus: dunkel
658 pix, picis *f.*: Pech
Illyricus: aus Illyrien, *der Landschaft Dalmatien an der Adria im heutigen Kroatien*

659 paetus: (mit verliebtem Blick =) *freundliche Bezeichnung für* schielend
rāvus: grau *(von den Augen)*
Minerva: Göttin der Wissenschaft und des Kunsthandwerks; der griech. Dichter Homer gibt ihr (griech. Athene) den Beinamen »grauäugig« oder »eulenäugig«
660 gracilis: schlank, »graziös«
maciēs, -ēi *f.*: Magerkeit
661 habilis: leicht, behende
turgidus: aufgedunsen
plēnus: voll(schlank)
662 proximitās bonī: *Bezeichnung mit der nächstmöglichen guten Eigenschaft*

Text 18: Schlusswort des Ratgebers
(2,733–744)

      Finis adest operi: palmam date, grata iuventus,
        sertaque odoratae myrtea ferte comae.
735 Quantus apud Danaos Podalirius arte medendi,
        Aeacides dextra, pectore Nestor erat,
      quantus erat Calchas extis, Telamonius armis,
        Automedon curru, tantus amator ego.
      Me vatem celebrate, viri, mihi dicite laudes;
740   cantetur toto nomen in orbe meum.
      Arma dedi vobis; dederat Vulcanus Achilli:
        vincite muneribus, vicit ut ille, datis.
      Sed quicumque meo superarit Amazona ferro,
        inscribat spoliis: NASO MAGISTER ERAT.

T 18
733 Das Werk ist vollbracht; überreicht mir die Siegespalme, ihr dankbaren jungen Männer, bekränzt mein duftendes Haar mit Myrten *(Myrtenkränze trug man als Zeichen der Würde und als Festschmuck).*
735 So berühmt bei den Danaern *(d. s. die Griechen vor Troja)* Podalirius durch seine Heilkunst *(Podalirius war der Sohn des berühmten Arztes Äskulap)*, der Enkel des Aiakos *(d. i. Achill, der berühmteste griechische Held vor Troja)* durch seinen rechten Arm im Kampf, Nestor durch seine Weisheit *(Nestor war ein sehr alter und sehr weiser griechischer Held)*, Kalchas durch seine Weissagungen *(der griechische Seher Kalchas prophezeite aus den Eingeweiden der Opfertiere die Zukunft)*, der Sohn des Telamon *(d. i. Aias, der nach Achill bedeutendste griechische Held vor Troja)*, durch seinen Umgang mit Waffen, Automedon *(d. i. der erfahrene Wagenlenker Achills)* durch seine Fahrkunst waren, so berühmt bin ich als Liebhaber.
739 Feiert mich als Dichter, ihr Männer, spendet mir euer Lob; mein Name soll auf der ganzen Welt besungen werden.
741 Waffen habe ich euch gegeben; Waffen gab einst Vulcanus *(der Gott des Feuers und der Schmiedekunst)* dem Achill. Siegt mit den Gaben, die ihr empfangen habt, wie jener gesiegt hat.
743 Doch jeder, der mit einer Waffe von mir eine Amazone *(Angehörige eines kriegerischen Frauenvolkes vor Troja)* besiegt hat, schreibe auf seine Beute: »Naso war mein Lehrmeister« *(Naso ist der Beiname Ovids, der mit vollem Namen Publius Ovidius Naso heißt).*

Adressatenwechsel

Text 19: Proömium
(3,1–80)

Arma dedi Danais in Amazonas; arma supersunt,
 quae tibi dem et turmae, Penthesilea, tuae.
Ite in bella pares; vincant, quibus alma Dione
 faverit et, toto qui volat orbe, puer.
5 Non erat armatis aequum concurrere nudas;
 sic etiam vobis vincere turpe, viri.
Dixerit e multis aliquis: »Quid virus in anguis
 adicis et rabidae tradis ovile lupae?«
Parcite paucarum diffundere crimen in omnes;
10 spectetur meritis quaeque puella suis.

Femina nec flammas nec saevos discutit arcus;
30 parcius haec video tela nocere viris.
Saepe viri fallunt, tenerae non saepe puellae
 paucaque, si quaeras, crimina fraudis habent:
Phasida, iam matrem, fallax dimisit Iason;
 venit in Aesonios altera nupta sinus.

T 19
1 Waffen habe ich den Danaern *(d. s. die griechischen Helden vor Troja)* gegen die Amazonen *(d. i. ein kriegerisches Frauenvolk)* gegeben; es sind noch Waffen vorhanden, die ich dir, Penthesilea *(Königin der Amazonen)*, und deiner Schar geben will. Geht gleich gerüstet in den Krieg; siegen soll, wen die holde Dione *(Mutter der Venus, oft Venus selbst)* und der Knabe *(d. i. Amor)*, der auf der ganzen Erde umherfliegt, begünstigen.
5 Es war nicht gerecht, sie ungerüstet mit Bewaffneten zusammentreffen zu lassen; auf diese Weise zu siegen ist auch für euch, ihr Männer, unehrenhaft.
7 Es mag einer von den vielen wohl sagen: »Warum gibst du Schlangen noch Gift? Warum überlässt du der reißenden Wölfin den Schafstall?«
9 Hütet euch, die Schuld weniger allen anzulasten; jede Frau soll nach ihren eigenen Verdiensten beurteilt werden. *(Als Belege für seine Behauptungen stellt Ovid in den Versen 11–28 den wenigen Frauen, denen man Verfehlungen vorwerfen kann [z.B. Helena], die vielen Frauen gegenüber, deren Verhalten vorbildlich war [z.B. Penelope]).*

29 Frauen können weder Amors Flammen noch seinen erbarmungslosen Bogen abwehren; Männern schaden diese Geschosse offensichtlich weniger. Männer betrügen häufig, zarte Frauen hingegen wenig, und selten haben sie sich der Untreue schuldig gemacht, wenn man der Sache nachgeht:
33 Die Frau vom Phasis *(d. i. Medea, benannt nach dem Grenzfluss Phasis in ihrer Heimat Kolchis)* verließ der treulose Jason, als sie bereits Mutter war; eine andere Braut schloss der Sohn des Aeson *(d. i. Jason)* in die Arme *(Jason, der Anführer der Argonauten, erlangte in Kolchis mit Medeas Hilfe das Goldene Vlies; er heiratete Medea, verstieß sie aber später mit ihren beiden Kindern, um die Tochter des Königs von Korinth – Kreusa – zu heiraten).* Soviel es an dir lag, Theseus, hätte Ariadne den Meeresvögeln zum Fraß dienen können, als du sie allein an einem unbekannten Ort zurückgelassen hattest *(Theseus, der spätere König von Athen, tötete mithilfe von Ariadne, der Tochter des Königs Minos von Kreta, den Minotaurus; er heiratete Ariadne, setzte sie aber später auf der Insel Naxos aus).*

35 Quantum in te, Theseu, volucres Ariadna marinas
    pavit in ignoto sola relicta loco.
   Quaere, Novem cur una Viae dicatur, et audi
    depositis silvas Phyllida flesse comis.
   Et famam pietatis habet, tamen hospes et ensem
40 praebuit et causam mortis, Elissa, tuae.
   Quid vos perdiderit, dicam: nescistis amare;
    defuit ars vobis: arte perennat amor.
   Nunc quoque nescirent! Sed me Cytherea docere
    iussit et ante oculos constitit ipsa meos.
45 Tum mihi: »Quid miserae«, dixit, »meruere puellae?
    Traditur armatis vulgus inerme viris.
   Illos artifices gemini fecere libelli;
    haec quoque pars monitis erudienda tuis.
   Probra Therapnaeae qui dixerat ante maritae,
50 mox cecinit laudes prosperiore lyra.
   Si bene te novi, cultas ne laede puellas:
    gratia, dum vives, ista petenda tibi est.«
   Dixit et e myrto (myrto nam vincta capillos
    constiterat) folium granaque pauca dedit;
55 Sensimus acceptis numen quoque: purior aether
    fulsit, et e toto pectore cessit onus.

37 Frage, warum ein Weg »Neun Wege« genannt wird, und höre, wie die Wälder ihr Laub abgeworfen und um Phyllis geweint haben *(die thrakische Königstochter Phyllis erhängte sich, weil ihr Mann nicht zu ihr zurückkehrte, nachdem sie neunmal vergeblich zum Strand geeilt war)*. Auch dein Gast, Elissa *(d. i. Dido, die Königin von Karthago)*, genießt den Ruf, pflichtbewusst zu sein; dennoch lieferte er den Grund für deinen Tod und das Schwert dazu *(Aeneas, ein trojanischer Held, wurde nach einem Seesturm von Dido in Karthago aufgenommen; sie verliebte sich in ihn, er aber verließ Dido auf göttlichen Befehl, um Latium, das ursprüngliche Ziel seiner Reise, zu erreichen; daraufhin tötete sich Dido mit Aeneas' Schwert.)*
41 Was euch zugrunde gerichtet hat, will ich euch sagen: Ihr verstandet es nicht zu lieben. Euch fehlte die Kunstfertigkeit: Nur durch sie ist die Liebe von Dauer.
43 Auch jetzt verstünden die Frauen sie noch nicht! Doch die Herrin von Kythera *(d. i. Venus, die auf der Insel Kythera besonders verehrt wurde)* befahl mir, sie zu unterrichten. Sie trat vor mich hin und sagte zu mir: »Womit haben die armen Frauen das verdient? Wehrlos wird ihre Schar den bewaffneten Männern ausgeliefert.
47 Diese haben zwei Bücher zu Meistern in der Kunst zu lieben gemacht; nun muss auch die andere Seite durch deine Ratschläge unterwiesen werden.
49 Wer vorher der Frau aus Therapnae *(d. i. Helena, die in Therapnae, einer Stadt in der Nähe von Sparta, geboren wurde)* Vorwürfe gemacht hatte *(d. i. der Dichter Stesichoros)*, sang bald darauf ihr Loblied auf einer Leier, die ihr günstiger gesonnen war *(weil er zeitweilig erblindet war und erst nach dem Widerruf seiner Vorwürfe das Augenlicht zurückerhielt)*.
51 Wenn ich dich recht kenne, dann willst du die edlen Frauen doch nicht kränken: Nach ihrer Gunst musst du streben, solange du lebst!«
53 So sprach sie und gab mir aus ihrem Myrtenkranz (denn mit myrtenumkränztem Haar war sie vor mich hingetreten) ein Blatt und einige Beeren.
55 Als ich diese Gaben empfangen hatte, spürte ich ihr göttliches Wesen: Heller strahlte der Himmel und alle Last wich von mir.

Dum facit ingenium, petite hinc praecepta, puellae,
   quas pudor et leges et sua iura sinunt.
Venturae memores iam nunc estote senectae:
60   sic nullum vobis tempus abibit iners.
Dum licet et veros etiam nunc editis annos,
   ludite: eunt anni more fluentis aquae.
Nec, quae praeteriit, iterum revocabitur unda
   nec, quae praeteriit, hora redire potest.
65 Utendum est aetate: cito pede labitur aetas
   nec bona tam sequitur, quam bona prima fuit.
Hos ego, qui canent, frutices violaria vidi;
   hac mihi de spina grata corona data est.
Tempus erit, quo tu, quae nunc excludis amantes,
70   frigida deserta nocte iacebis anus,
nec tua frangetur nocturna ianua rixa,
   sparsa nec invenies limina mane rosa.
Quam cito, me miserum, laxantur corpora rugis
   et perit, in nitido qui fuit ore, color,
75 quasque fuisse tibi canas a virgine iures,
   sparguntur subito per caput omne comae!
Anguibus exuitur tenui cum pelle vetustas,
   nec faciunt cervos cornua iacta senes;
nostra sine auxilio fugiunt bona: carpite florem,
80   qui, nisi carptus erit, turpiter ipse cadet.

57 Solange Venus mich inspiriert, lasst euch von mir Empfehlungen geben, ihr Frauen, soweit es Anstand, Gesetze und eure Rechtsstellung zulassen.
59 Denkt jetzt schon an das nahende Alter; denn dann werdet ihr die Zeit nicht ungenutzt verstreichen lassen.
61 Vergnügt euch, solange es möglich ist und solange ihr euer wahres Alter nennt: Es vergehen die Jahre, wie das Wasser dahinfließt.
63 Keine Welle, die verebbt ist, lässt sich wieder zurückführen, keine Stunde, die vergangen ist, kann wieder zurückkehren.
65 Man muss die Jugend nutzen: Auf schnellem Fuß eilt das Leben dahin, und die Zeit, die folgt, ist nicht so günstig wie die, die vorausging.
67 An diesen Büschen, die nun verdorrt sind, sah ich einst Veilchen blühen; von diesem Dornstrauch erhielt ich einst einen anmutigen Kranz.
69 Es wird die Zeit kommen, da du, die jetzt keinen Liebhaber einlässt, nachts kalt und einsam als alte Frau in deinem Bett liegst. Weder wird bei einem nächtlichen Streit deine Tür aufgebrochen *(eine in der Liebesdichtung häufig dargestellte Situation: Der Liebhaber begehrt Einlass, pocht gegen die Tür des Mädchens und versucht sie aufzubrechen)* noch wirst du morgens deine Türschwelle mit Rosen bestreut finden.
73 Ach, wie schnell erschlafft dein Körper von Falten, wie schnell vergeht die Farbe, die in deinem strahlenden Gesicht war. Und graue Haare breiten sich plötzlich über den ganzen Kopf aus – auch wenn du beteuerst, sie schon in jungen Jahren gehabt zu haben.
77 Schlangen streifen zusammen mit ihrer zarten Haut das Alter ab, auch Hirsche macht ihr Geweih, weil sie es abstoßen können, nicht alt;
79 unsere Qualitäten vergehen ohne Ersatz: Pflückt deshalb die Blume, die, wenn sie nicht gepflückt wird, verwelkt von selbst abfallen wird.

Text 20: Make-up
(3,193–234)

      Quam paene admonui, ne trux caper iret in alas
        neve forent duris aspera crura pilis!
195 Sed non Caucasea doceo de rupe puellas
        quaeque bibant undas, Myse Caice, tuas.
      Quid, si praecipiam, ne fuscet inertia dentes
        oraque suscepta mane laventur aqua?
      Scitis et inducta candorem quaerere creta;
200   sanguine quae vero non rubet, arte rubet.
      Arte supercilii confinia nuda repletis
        parvaque sinceras velat aluta genas.
      Nec pudor est oculos tenui signare favilla
        vel prope te nato, lucide Cydne, croco.

In den Versen 205–208 weist Ovid empfehlend auf sein kleines Buch über Schönheitsmittel und Kosmetik *(medicamina faciei femineae)* hin.

      Non tamen expositas mensa deprendat amator
210   pyxidas: ars faciem dissimulata iuvat.
      Quem non offendat toto faex inlita vultu,
        cum fluit in tepidos pondere lapsa sinus?

T 20
LWS 1, 5, 7, 15, 20; St 4.1
193 quam: wie (sehr)!
paene admonuī: fast hätte ich gemahnt
trux: rauh, wild
caper: Ziegenbock; *gemeint ist der Geruch*
āla: Achsel(höhle)
194 pilus: Haar
195 rūpēs (-is *f.*) **Caucasea**: Kaukasusgebirge, *es galt als urtümlich wild und völlig kulturlos*
196 bibere: trinken
Caīcus: *Fluss in Mysien (Adj.* Mȳsus*), einer Landschaft in Kleinasien, die für Römer als sehr provinziell galt.*
197 inertia: Faulheit, Nachlässigkeit
fuscāre: dunkel, schwarz machen
198 manē: morgens
199 crēta: Kreide *(Schminkmittel)*
candor: weiße Hautfarbe, *ein Zeichen besonderer Schönheit*
200 rubēre: rot sein
201 supercilium: Augenbraue
cōnfīnium: Grenze, Ende
replēre: ausfüllen
202 sincērus: natürlich, unversehrt
vēlāre: bedecken
alūta: Schönheitspflästerchen *aus Alaunleder*
gena: Wange
203 sīgnāre: hervorheben, ausdrucksvoll machen
favilla: Asche *(als eine Art »Eyeliner« verwendet)*
204 crocus: Safran (gelb)
prope tē ... lūcide Cydne: *der Ursprungsort des Safrans wird hier angeredet*
lūcidus: hell, klar
Cydnus: *Fluss in Kilikien im südl. Kleinasien*
prope *m. Akk.*: in der Nähe von
209 dēpre(he)ndere: entdecken
210 pyxis, -idis *f., Akk. Pl.* -idas: Schminkdöschen
211 faex, -cis *f.*: Hefe *als Gesichtsmaske*
inlinere, -lēvī, -litus: aufstreichen
212 tepidus: warm
lābī, lāpsus sum: hinunterlaufen

Abb. 5–8: Frauenbüsten; der oft rasche Wechsel der Haartracht wurde durch das Vorbild prominenter Damen, z.B. der Kaiserinnen, ausgelöst. Die Frau mit den offenen Haaren (Abb. 8) fällt offensichtlich aus dem Rahmen. Rom, Vatikanische Sammlungen.

Oesypa quid redolent, quamvis mittatur Athenis
   demptus ab inmundo vellere sucus ovis?
215 Nec coram mixtas cervae sumpsisse medullas
   nec coram dentes defricuisse probem.
Ista dabunt formam, sed erunt deformia visu,
   multaque, dum fiunt, turpia, facta placent.

225 Tu quoque dum coleris, nos te dormire putemus:
   aptius a summa conspiciere manu.
Cur mihi nota tuo causa est candoris in ore?
Claude forem thalami: quid rude prodis opus?
Multa viros nescire decet; pars maxima rerum
230   offendat, si non interiora tegas:
Aurea, quae pendent ornato, signa, theatro,
   inspice, contemnes: brattea ligna tegit;
sed neque ad illa licet populo, nisi facta, venire,
   nec nisi summotis forma paranda viris.

Text 21: Schönheitsfehler
(3,255–280)

255 Turba docenda venit pulchrae turpesque puellae,
   pluraque sunt semper deteriora bonis.
Formosae non artis opem praeceptaque quaerunt;
   est illis sua dos, forma sine arte potens:

213 oesypum: 1. *der an ungewaschener Schafswolle klebende Schweiß und Schmutz* 2. *ein daraus abgekochter Extrakt, der als Heil- und Schönheitsmittel diente*
redolēre: (nach etw.) riechen
214 dēmere, ā(b), dēmpsī, dēmptum: gewinnen aus
immundo: schmutzig
vellus, -eris *n.*: Fell, Wolle
sūcus: Saft
215 cōram: in Gegenwart *von Männern*
sūmpsisse: *erg.* puellam
cerva: Hirschkuh
medulla: Mark, *als Bestandteil eines Schönheitsmittels verwendet*
216 dēfricāre, -fricuī: abreiben, säubern
217 dēformis vīsū: unschön anzusehen
218 turpia: *erg.* sunt
facta: *prädikativ, parallel zu* dum fiunt
225 colī: sich schön machen lassen

226 ā summā manū: nachdem letzte Hand angelegt ist
227 candor: weiße Hautfarbe
228 thalamus: Schlafzimmer
rudis: unfertig
prōdere: preisgeben
230 interiōra *n. Pl.*: das Innere, Geheimnisse
231 aureus: golden
sīgnum: Figur
232 īnspicere: genau betrachten
brattea: Goldblättchen, Goldüberzug
līgnum: Holz
234 summovēre, -mōvī, -mōtum: entfernen
paranda: *erg.* est

T 21
LWS 1, 4, 5, 7, 10, 17; St 4.1
256 dēterior: weniger gut, schlechter
bonīs: *Abl. comparationis von* bona, -ōrum (*n. Pl.*): gute Dinge, das Gute
258 dōs *f.*: Mitgift

Cum mare compositum est, securus navita cessat;
260   cum tumet, auxiliis adsidet ille suis.
Rara tamen menda facies caret: occule mendas,
    quaque potes, vitium corporis abde tui.
Si brevis es, sedeas, ne stans videare sedere,
    inque tuo iaceas quantulacumque toro;
265   hic quoque, ne possit fieri mensura cubantis,
    iniecta lateant, fac, tibi veste pedes.
Quae nimium gracilis, pleno velamina filo
    sumat, et ex umeris laxus amictus eat;
pallida purpureis cingat sua corpora virgis,
270   nigrior ad Phariae confuge vestis opem.
Pes malus in nivea semper celetur aluta,
    arida nec vinclis crura resolve suis.
Conveniunt tenues scapulis analemptrides altis,
    angustum circa fascia pectus eat.
275   Exiguo signet gestu, quodcumque loquetur,
    cui digiti pingues et scaber unguis erit.

259 compositus: geordnet, ruhig
sēcūrus: sorglos
nāvita: Seemann
cessāre: ausruhen
260 tumēre: aufgewühlt sein
adsidēre *m. Dat.*: jdm. zur Seite stehen, assistieren
auxilium: *von Personen* Helfer
261 menda: Fehler
occulere: verbergen
262 quāque: wo, wie (nur) immer
abdere: verstecken
264 quantuluscumque: wie klein auch immer
torus: Bett, Sofa
265 mēnsūra: Abmessung *der Größe*
cubāre: liegen
266 inicere, -iēcī, -iectum: darüber legen
lateant: *von* fac *abh. Wunsch(satz)*
267 gracilis: mager, dürr
vēlāmen, -inis *n.*: Kleid
filum: Faden, Gewebe
plēnus: voll, dick
268 umerus: Schulter
laxus: weit
amictus, -ūs: Mantel, Umhang
269 pallidus: blass
purpureus: purpurrot
virga: Streifen *am Kleid*
cingere: umgürten, umgeben
270 cōnfugere ad: seine Zuflucht nehmen zu
vestis Pharia: Kleid aus Pharos, *einer der Stadt Alexandria vorgelagerten Insel, wo Leinen hergestellt wurde*
271 niveus: (schnee)weiß
alūta: Schuh aus Alaunleder, *einem sehr weichen, geschmeidigen Leder, das mithilfe von Alaun und Galläpfeln gegerbt wurde*
cēlāre: einhüllen, verbergen
272 āridus: dürr, mager
vinclum (= vinculum): Band; *Sandalen wurden durch Bänder, die man kreuzweise an den Unterschenkeln hochband, gehalten*
resolvere: befreien
273 convenīre *m. Dat.*: passen zu
analēmptris, -idis: Schulterkissen
scapulae, -ārum: Schulterblätter, Schultern
274 fascia: Band
275 gestus, -ūs: Gebärde, Geste
sīgnāre: verdeutlichen
276 cui ... erit: *Subjekt(satz) zu* sīgnet
pinguis: dick, feist
scaber: schäbig, rau, spröde
unguis *m.*: (Finger)nagel

Cui gravis oris odor, numquam ieiuna loquatur
et semper spatio distet ab ore viri;
si niger aut ingens aut non erit ordine natus
280   dens tibi, ridendo maxima damna feres.

Text 22: Reiz der Bewegung
(3,297–310)

Omnibus his, quoniam prosunt, impendite curam;
discite femineo corpora ferre gradu:
est et in incessu pars non contempta decoris;
300   allicit ignotos ille fugatque viros.
Haec movet arte latus tunicisque fluentibus auras
accipit, extensos fertque superba pedes;
illa, velut coniunx Umbri rubicunda mariti,
ambulat, ingentis varica fertque gradus.
305   Sed sit, ut in multis, modus hic quoque: rusticus alter
motus, concesso mollior alter erit.
Pars umeri tamen ima tui, pars summa lacerti
nuda sit, a laeva conspicienda manu:
Hoc vos praecipue, niveae, decet; hoc ubi vidi,
310   oscula ferre umero, qua patet, usque libet.

---

277 odor *m.*: Geruch
cui ... odor (*erg.* est): *Subjekt(satz) zu* loquātur
ieiūnus: nüchtern, ohne Frühstück
278 distāre: entfernt sein

T 22
LWS 4, 11
297 quoniam: da (ja), weil
cūram impendere *m. Dat*: sich sorgfältig um etw. kümmern
298 gradus, -ūs: Schritt, Gang
299 incessus, ūs: Art zu gehen, Gang
decor, -ōris: Anmut
300 allicere: anlocken, anziehen
īgnōtus: unbekannt
fugāre: vertreiben
301 latus, -eris *n.*: Seite, Hüfte
tunica: Tunika, *röm. Untergewand*
aura: Luft
302 extendere, -tendī, tēnsum: *lang* ausstrecken
303 velut: wie

coniunx: (Ehe)frau
Umber, -bra, -brum: aus Umbrien
rubicundus: (glühend)rot, (von der Sonne) gebräunt
marītus: (Ehe)mann
304 ambulāre: umhergehen
vāricus: breitbeinig
305 rūsticus: bäurisch, plump
306 concessō: *Abl. comparationis*
307 umerus: Schulter
īmus: (unterster) *hier* äußerer
lacertus: Arm
308 laevus: links
ā laevā manū: von der linken Seite aus
309 niveus: (schnee)weiß; *eine weiße Hautfarbe war besonders beliebt*
310 ōsculum; Kuss
quā: auf der Seite, wo; da, wo
patēre: entblößt sein
ūsque: ununterbrochen
libet (*erg.* mihi): ich möchte, empfinde das Verlangen

Text 23: Öffentlichkeitsarbeit
(3,417–432)

Utilis est vobis, formosae, turba, puellae:
saepe vagos ultra limina ferte pedes.
Ad multas lupa tendit oves, praedetur ut unam,
420 et Iovis in multas devolat ales aves:
se quoque det populo mulier speciosa videndam;
quem trahat, e multis forsitan unus erit;
omnibus illa locis maneat studiosa placendi
et curam tota mente decoris agat.
425 Casus ubique valet; semper tibi pendeat hamus;
quo minime credis, gurgite piscis erit;
saepe canes frustra nemorosis montibus errant
inque plagam nullo cervus agente venit.
Quid minus Andromedae fuerat sperare revinctae
430 quam lacrimas ulli posse placere suas?
Funere saepe viri vir quaeritur: ire solutis
crinibus et fletus non tenuisse decet.

T 23
LWS 1, 3, 9, 10
417 **turba**: Menschenmenge
418 **vagus**: umherschweifend, ruhelos
ultrā *m. Akk.*: über ... hinaus
līmen, -inis *n.*: Türschwelle
419 **lupa**: Wölfin
ovis, -is *f.*: Schaf
tendere ad: sich stürzen auf
praedārī: erbeuten
420 **āles Iovis**: Jupiters Vogel (= Adler)
dēvolāre: sich stürzen auf
421 **speciōsus**: schön, wohlgestaltet
422 **quem trahat**: *zu* unus
423 **studiōsus**: eifrig bemüht
424 **decor**, -ōris *m.*: Aussehen, Schönheit
cūram agere: Sorge tragen (für etw.)
425 **cāsus**, -ūs: Zufall
hāmus: Angel(haken)

pendēre: ausgelegt sein
426 **gurges**, -itis *m.*: (tiefes) Wasser, Strudel
427 **nemorōsus**: waldreich
428 **plaga**: Netz
cervus: Hirsch
429 **Andromeda**: *Tochter des äthiopischen Königs Kepheus, die – an einen Felsen gefesselt – einem Meerungeheuer als Opfer ausgesetzt, dann aber noch rechtzeitig von Perseus befreit und geheiratet wurde*
revincīre, -vīnxī, -vīnctus: anbinden, fesseln
431 **fūnus**, -eris *n.*: Begräbnis
432 **crīnibus solūtīs** (*Abl. m. Präd.*): mit aufgelösten Haaren; *zum Zeichen der Trauer trug man die Haare nicht – wie normalerweise – kunstvoll frisiert, sondern ließ sie lang herabhängen*
flētus, -ūs: Weinen, Tränen
decēre: reizvoll wirken

Text 24: Reaktion auf Liebesbriefe
(3,469–498)

Verba vadum temptent abiegnis scripta tabellis:
470   accipiat missas apta ministra notas.
Inspice, quodque leges, ex ipsis collige verbis,
    fingat an ex animo sollicitusque roget;
postque brevem rescribe moram: mora semper amantes
    incitat, exiguum si modo tempus habet.
475 Sed neque te facilem iuveni promitte roganti
    nec tamen e duro, quod petit ille, nega:
fac, timeat speretque simul, quotiensque remittes,
    spesque magis veniat certa minorque metus.
Munda sed e medio consuetaque verba, puellae,
480   scribite: sermonis publica forma placet.
A, quotiens dubius scriptis exarsit amator
    et nocuit formae barbara lingua bonae!
Sed quoniam, quamvis vittae careatis honore,
    est vobis vestros fallere cura viros,
485 ancillae puerive manu perarate tabellas,
    pignora nec puero credite vestra novo:
vidi ego fallentis isto terrore puellas
    servitium miseras tempus in omne pati.
Perfidus ille quidem, qui talia pignora servat,
490   sed tamen Aetnaei fulminis instar habent.

T 24
LWS 10, 25; St 4.2
469 vadum: seichte Stelle
temptāre: erproben, prüfen
abiēgnus: aus Tannenholz
tabella: Schreibtäfelchen
470 ministra: Dienerin
nota: (Schrift-)zeichen
471 īnspicere: genau ansehen
colligere: schließen, folgern
472 ... an ... (abh. Fragesatz): ob ... oder
473 mora: Pause
476 ē dūrō (erg. animō): hart, gefühllos
477 quotiēns: sooft
479 mundus: elegant, nett
ē mediō (erg. sermōne): aus dem normalen Sprachgebrauch
480 pūblicus: alltäglich
481 quotiēns: wie oft
exārdēscere, -ārsī: von Liebe entflammt werden

482 barbarus: fehlerhaft, barbarisch
483 vitta: Stirnbinde, die die frei geborenen, verheirateten Frauen (mātrōnae) trugen. Um den mātrōnae, die bei den Römern sehr angesehen waren, nicht zu nahe zu treten, hatte Ovid in seinem Vorwort (1,31ff.) ausdrücklich darauf hingewiesen, dass er in seinem Werk nicht von mātrōnae reden wolle
carēre m. Abl.: etw. nicht haben
485 tabellās perarāre: die Täfelchen beschreiben
puer: Sklave
486 pīgnus, -oris n.: (Liebes-)Pfand, Beweis
487 iste: dieser Art
488 servitium: Knechtschaft, Sklaverei
489 perfidus: unredlich, hinterhältig
490 Aetnaeus: Adj. zu Aetna, ein – heute noch tätiger – Vulkan auf Sizilien
fulmen, -inis n.: Blitz, Feuerstrahl
īnstar m. Gen.: die gleiche Gewalt wie

Iudice me fraus est concessa repellere fraudem,
    armaque in armatos sumere iura sinunt.
Ducere consuescat multas manus una figuras
    (a, pereant, per quos ista monenda mihi!),
495 nec nisi deletis tutum rescribere ceris,
    ne teneat geminas una tabella manus;
femina dicatur scribenti semper amator:
    »illa« sit in vestris, qui fuit »ille«, notis.

Text 25: Sanftmut und Fröhlichkeit (3,501–518)

Pertinet ad faciem rabidos compescere mores:
    candida pax homines, trux decet ira feras.
Ora tument ira, nigrescunt sanguine venae,
    lumina Gorgoneo saevius igne micant.
505 »I procul hinc«, dixit, »non es mihi, tibia, tanti«,
    ut vidit vultus Pallas in amne suos:
vos quoque si media speculum spectetis in ira,
    cognoscat faciem vix satis ulla suam.

---

491 iūdice mē *(Abl. m. Präd.)*: meiner Meinung nach
repellere *(finaler Inf.)*: zurückschlagen, abwehren
492 armātus: bewaffnet
sūmere: ergreifen
493 figūra: Form, Schriftzug
494 per *m. Akk.*: durch, wegen
monēre: anmahnen, Hinweise geben
495 nec nisi: und nur
tūtum: *erg.* est
cēra: Wachs, *mit dem die Schreibtäfelchen (vgl. Abb. 4, S. 23) bestrichen waren; mit der flachen Rückseite des Griffels* (stilus) *glättete man das Wachs und löschte so die Schriftzeichen aus.*
rescrībere: zurückschreiben, antworten
496 geminae manūs: zwei Handschriften
497 dīcere: anreden, bezeichnen als
scrībentī *(erg.* puellae*) Dat. auctoris:* von der Briefschreiberin
498 nota: (Schrift-)zeichen

T 25
LWS 7, 11
501 pertinet (ad): es ist von Bedeutung, zweckmäßig (für)
rabidus: wütend, wild
compēscere: bezähmen, unterdrücken
mōs, -ris *m.*: *im Pl.* Charakter, Temperament
502 candidus: strahlend, heiter
trux: grimmig, wild
fera: wildes Tier
503 tumēre: (an)geschwollen sein
nigrēscere: dunkel, schwarz werden
vēna: Ader
504 lūmen, -inis *n.*: Licht, Auge
Gorgoneus: *Adj. zu* Gorgō, *ein furchtbares Ungeheuer mit Schlangenhaaren, dessen Anblick in Stein verwandelte*
micāre: funkeln, blitzen
505 procul *Adv.*: weit (weg)
tībia: Flöte
tantī *(Gen. pretii)* **esse**: so viel wert sein
506 Pallas: *Beiname der Göttin Athene; diese soll die Flöte erfunden, dann aber missbilligend weggeworfen haben, weil das Flöteblasen ihr Gesicht stark entstellte*
507 speculum: Spiegel

Nec minus in vultu damnosa superbia vestro:
510 comibus est oculis alliciendus Amor.
Odimus immodicos (experto credite) fastus:
saepe tacens odii semina vultus habet.
Spectantem specta; ridenti mollia ride;
innuet: acceptas tu quoque redde notas.
515 Sic ubi prolusit, rudibus puer ille relictis
spicula de pharetra promit acuta sua.
Odimus et maestas; Tecmessam diligat Aiax,
nos, hilarem populum, femina laeta capit.

Text 26: Führungsqualitäten
(3,577–610)

Omnia tradantur (portas reseravimus hosti)
et sit in infida proditione fides.
Quod datur ex facili, longum male nutrit amorem:
580 miscenda est laetis rara repulsa iocis.
Ante fores iaceat, »Crudelis ianua« dicat
multaque summisse, multa minanter agat.
Dulcia non ferimus; suco renovemur amaro:
saepe perit ventis obruta cumba suis.

509 damnōsus: schädlich, verderblich
510 cōmis: freundlich
allicere: anlocken
511 immodicus: maßlos
expertus: »Experte«
fāstus, -ūs: Hochmut
512 sēmen, -inis *n.*: Same, *Pl.* Saat
513 ridēre *m. Akk. n. Pl. = m. Adv.*
514 innuere: (jdm.) zuwinken
nota: Zeichen
515 prōlūdere, -lūsī, -lūsum: ein Vorspiel machen
puer: *d. i. Amor*
rudis, -is *f.*: *Waffenattrappe zum Training für Soldaten und Gladiatoren*, Fechtstab, Übungswaffe
516 spīculum: Pfeil
pharetra: Köcher
prōmere: herausnehmen
acūtus: spitz, scharf
517 maestus: traurig
Tecmēssa: *auf einem Feldzug erbeutete Geliebte des Aias*

Aiax: Aias, *Sohn des Telamon aus Salamis, berühmter Held vor Troja*
518 hilaris: heiter, vergnügt

T 26
LWS 5, 7, 10, 20, 25, 27; St 4.1
577 reserāre: entriegeln, öffnen
578 īnfīdus: treulos
prōditiō: Verrat
579 ex facilī: leicht, freigiebig
nūtrīre: nähren
580 iocus: Spaß, Spiel
581 iaceat: *erg.* amātor
iānua: Tür
582 summissus: unterwürfig
minanter *Adv.*: drohend
583 sūcus: Saft, Arznei
amārus: bitter
renovāre: wieder aufbauen, auffrischen
584 ventī suī: die ihm gemäßen, *d. s. günstigen* Winde
obruere, -ruī, -rutum: umwerfen, umschlagen
cumba: Kahn, Schiff

585 Hoc est, uxores quod non patiatur amari:
conveniunt illas, cum voluere, viri.
Adde forem et duro dicat tibi ianitor ore:
»Non potes«, exclusum te quoque tanget amor.
Ponite iam gladios hebetes, pugnetur acutis;
590 nec dubito, telis quin petar ipse meis.
Dum cadit in laqueos, captus quoque nuper amator
solum se thalamos speret habere tuos;
postmodo rivalem partitaque foedera lecti
sentiat: has artes tolle, senescit amor.
595 Tum bene fortis equus reserato carcere currit,
cum, quos praetereat quosque sequatur, habet.
Quamlibet extinctos iniuria suscitat ignes:
en ego, confiteor, non nisi laesus amo.
Causa tamen nimium non sit manifesta doloris,
600 pluraque sollicitus, quam sciet, esse putet.
Incitat et ficti tristis custodia servi
et nimium duri cura molesta viri:
quae venit ex tuto, minus est accepta voluptas;
ut sis liberior Thaide, finge metus.
605 Cum melius foribus possis, admitte fenestra
inque tuo vultu signa timentis habe;

585 hoc est, quod: das ist es, was ...
uxōres amārī: A.c.i. *als Objekt*
587 forem addere: eine Tür dazwischen stellen
iānitor: Türhüter
588 exclūdere, -clūsī, -clūsum: aussperren
589 pōnere = depōnere
hebes, -etis: stumpf
acūtus: spitz, scharf
590 petere: angreifen, treffen
591 laqueus: Schlinge, *Pl.* Falle
nūper *Adv.*: gerade erst
592 thalamus: Schlafzimmer
593 rīvālis, -is *m.*: Rivale
partīre: teilen
lectus: Bett
foedus, -eris *n.*: Bündnis, Gemeinschaft
594 senēscere: alt werden
595 reserāre: entriegeln, öffnen
carcer, -eris *m.*: Startbox *beim Wagenrennen im Circus*

596 quōs ... sequātur: *Objekt zu* habet
597 quamlibet (*zu* extinctōs): wie sehr auch immer, noch so
extinguere, -tīnxī, -tīnctum: auslöschen
iniūria: Kränkung, Zurückweisung
suscitāre: entfachen
598 ēn: sieh (da)
cōnfitērī: bekennen, zugeben
599 manifestus: deutlich, klar
600 plūra esse: A.c.i., *Objekt zu* putet
putet: *erg.* amātor
601 custōdia: Bewachung
acceptus: willkommen
ex tūtō: gefahrlos
604 Thāis, Thāidis: *verdiente als Hetäre (»Gefährtin«, Gesellschafterin zahlender Männer) ein Vermögen*
605 possis: *erg.* amatōrem admittere
admittere: (her)einlassen

48

callida prosiliat dicatque ancilla: »Perimus!«,
tu iuvenem trepidum quolibet abde loco.
Admiscenda tamen Venus est secura timori,
610   ne tanti noctes non putet esse tuas.

Text 27: Illusionshilfen (3,667–682)

Mit der Fortsetzung seiner Enthüllungen an die Damen wachsen auch Ovids Skrupel, dem eigenen Lager zu schaden.

Quo feror insanus? Quid aperto pectore in hostem
    mittor et indicio prodor ab ipse meo?
Non avis aucupibus monstrat, qua parte petatur,
670   non docet infestos currere cerva canes!
Viderit utilitas; ego coepta fideliter edam:
    Lemniasin gladios in mea fata dabo.
Efficite (et facile est), ut nos credamus amari:
    prona venit cupidis in sua vota fides.
675 Spectet amabilius iuvenem et suspiret ab imo
    femina, tam sero cur veniatque, roget;
accedant lacrimae, dolor et de paelice fictus,
    et laniet digitis illius ora suis.

607 callidus: schlau
prōsilīre: *ins Zimmer* hereinstürzen
608 trepidus: erschreckt, ratlos
abdere: verstecken
609 admiscēre: beimischen
sēcūrus: sicher, sorgenfrei
610 tantī *(Gen. pretii)* **esse**: so viel wert sein

T 27
LWS 1, 3, 4, 9, 25
667 quō: wohin?
īnsānus: wahnsinnig
apertus: offen, ungeschützt
668 indicium: Aussage, Anzeige
ab: *zu* indiciō meō
669 auceps, aucupis (avis, capere) *m.*: Vogelfänger
mōnstrāre: zeigen
670 īnfēstus: feindlich
cerva: Hirschkuh
671 vidēre: das Nachsehen haben

ūtilitās: Nutzen, Vorteil
ēdere: verkünden, vollbringen
672 Lēmnias, -adis *f.* (*Dat. Pl.* Lēmniasin): Lemnierin. *Die Frauen der Insel Lemnos töteten in einer Nacht ihre Männer, weil sich diese erbeutete thrakische Frauen vom Festland genommen hatten. Seitdem regierten die Frauen die Insel.*
fātum: Schicksal, Verderben
674 prōnus: leicht, mühelos
cupidīs: *erg.* virīs
675 amābilis: liebenswert, verliebt
suspīrāre: seufzen, tief Atem holen
ab īmō *(erg. pectore)*: aus dem Innersten, ganz tief
676 sērō *Adv.*: spät
tam sērō: *betont vor* cur *gestellt*
-que: *eigentlich zu* roget
677 paelex, -icis *f.*: Nebenbuhlerin
678 laniāre: zerfleischen

Iamdudum persuasus erit; miserebitur ultro
680   et dicet: »Cura carpitur ista mei.«
Praecipue si cultus erit speculoque placebit,
posse suo tangi credet amore deas.

Text 28: Strategien beim Gastmahl
(3,749–768)

Sollicite exspectas, dum te in convivia ducam,
750   et quaeris monitus hac quoque parte meos.
Sera veni positaque decens incede lucerna:
grata mora venies, maxima lena mora est;
etsi turpis eris, formosa videbere potis,
et latebras vitiis nox dabit ipsa tuis.
755   Carpe cibos digitis (est quiddam gestus edendi),
ora nec immunda tota perungue manu;
neve domi praesume dapes, sed desine citra
quam capis: es paulo, quam potes esse, minus.
Priamides Helenen avide si spectet edentem,
760   oderit et dicat: »Stulta rapina mea est.«
Aptius est deceatque magis potare puellas:
cum Veneris puero non male, Bacche, facis.

679 iamdūdum: sofort
miserērī: Mitleid haben
ultrō: obendrein, noch dazu
680 carpere: beunruhigen, »verzehren«
ista: *erg. fēmina*
meī: *Gen. von* ego
cūra: Liebe, Sorge
681 speculum: Spiegel

T 28
LWS 3, 5, 7, 11, 25; St 4.1
750 monitus, -ūs: Ermahnung, Empfehlung
751 sērus: spät
lucernam pōnere: »Licht anzünden«
incēdere: eintreten, hineingehen
decēns: anmutig
752 lēna: Kupplerin
mora: Verzögerung, Verspätung
grātus: willkommen
753 turpis: hässlich
pōtus: betrunken
754 latebra: Versteck
755 carpere: ergreifen

digitus: Finger(spitze)
gestus, -ūs: Haltung
edere: essen
756 immundus: unsauber *(vom Anfassen der Speisen)*
perunguere: beschmieren
757 daps, -pis *f.*: Speise
praesūmere: vorher zu sich nehmen
citrā: eher
758 ēsse = edere: essen
ēs: *Imperativ zu* ēsse
759 Priamidēs: Sohn des Priamos *(König von Troja), d. i. Paris, der Helena, die Frau des Königs Menelaos von Sparta, geraubt und nach Troja entführt hat*
Helenē, *Akk.* -ēn: Helena
avidus: gierig
760 rapīna: Raub
761 pōtāre: trinken
762 puer Veneris: *d. i. Amor*
Bacchus: *Gott des Weins*
facere cum: (sich – nicht schlecht – »machen« mit =) passen zu, sich vertragen mit

Hoc quoque, qua patiens caput est animusque pedesque
constant, nec, quae sunt singula, bina vide.
765 Turpe iacens mulier multo madefacta Lyaeo:
digna est concubitus quoslibet illa pati.
Nec somnis posita tutum succumbere mensa:
per somnos fieri multa pudenda solent.

Text 29: Schlusswort des Ratgebers (3,809–812)

Lusus habet finem: cycnis descendere tempus,
810 duxerunt collo qui iuga nostra suo.
Ut quondam iuvenes, ita nunc, mea turba, puellae
inscribant spoliis: NASO MAGISTER ERAT.

763 **hoc**: *erg.* decet
quā: soweit, sofern
patiens: fähig zu ertragen
764 **bīna**, -ōrum: je zwei Dinge, zweifach
765 **madefacere**: betrunken machen
Lyaeus: = Bacchus = Wein
766 **concubitus**, -ūs: Beischlaf
767 **tūtum**: *erg.* est
succumbere: niedersinken
768 **pudendum**: etw., dessen man sich schämen muss; Schändliches

T 29
809 Das Spiel ist zu Ende: Es ist Zeit, von den Schwänen Abschied zu nehmen, die unseren Wagen mit ihren Hälsen gezogen haben *(Schwäne ziehen den Wagen der Venus; vgl. Ovid, met. 10,708).*
811 Wie einst die jungen Männer, so sollen nun auch die Mädchen, meine Gefolgschaft, auf ihre Beute schreiben:»Naso war mein Lehrmeister« *(Naso: Beiname Ovids).*

Arbeitsaufträge und Begleittexte

Arbeitsaufträge zu Text 1

1. In v. 1 des Proömiums kündigt Ovid eine *ars amandi* an.
   (a) Stellen Sie aus dem Text alle Begriffe des Wortfeldes *amare* zusammen.
   (b) Sammeln Sie alle Begriffe des Wortfeldes *ars* (Kunst, Wissenschaft, Technik, System, Lehre).
   (c) Wo treten solche Begriffe gehäuft auf? Was will Ovid durch diese Häufung erreichen?
   (d) Mit welchen Stilfiguren unterstreicht der Dichter die Bedeutung, die der *ars* im Text zugewiesen wird?
2. (a) Versuchen Sie das Proömium nach Sinnabschnitten zu gliedern und jedem Abschnitt eine passende Überschrift zu geben.
   (b) Begründen Sie Ihre Gliederung unter sprachlichen, stilistischen und inhaltlichen Gesichtspunkten.
3. (a) Stellen Sie die Eigenschaften und Tätigkeiten zusammen, die Amor zugeschrieben werden.
   (b) Weshalb hebt Ovid diese Eigenschaften und Tätigkeiten Amors hervor?
   (c) Welche Attribute legt Ovid im Proömium sich selbst bei?
   (d) Welche Stilmittel erlauben Rückschlüsse auf die Bedeutung, die Ovid seiner Person und seinen Fähigkeiten beimisst? (St 18, 24, 30)
5. (a) Welchen Bereichen entstammen die Vergleiche des Proömiums?
   (b) Welche Aufgabe sollen sie erfüllen?
6. Als eine Unterweisung in Liebesdingen ist die *ars amatoria* ein »Lehrgedicht«. Welche Merkmale des Textes erlauben es sie auch als Gelehrtendichtung, als kunstreiche Schöpfung eines *poeta doctus*, zu betrachten?
7. (a) Begründen Sie aus dem Text, weshalb Ovid eine *ars amandi* für nötig hält.
   (b) Wie und in welcher Absicht spricht Loriot in B1 seine Leser an?
   (c) Beschreiben Sie im Vergleich mit B 1, welche Haltung Ovid in v. 1f. gegenüber seinem Thema und seinem Publikum einnimmt.
   (d) Vergleichen Sie die Wortwahl bei Loriot und Ovid und beschreiben Sie die Wirkung, die Ovid mit der Formulierung *si quis in hoc populo* (statt eines metrisch ebenfalls möglichen *quisquis in hoc populo*) erzielt.
   (e) Welche Eigenschaften könnte Ovid unausgesprochen »diesem unserem Volk«, d.h. in erster Linie der römischen Großstadtbevölkerung, beigemessen haben?
8. (a) Welche traditionellen Elemente eines Proömiums finden sich bei Ovid? Vgl. B 2.
   (b) Auf welche Weise bedient sich der Dichter dieser Elemente? Welche Wirkung will er damit bei seinen Lesern erzielen?
   (c) Woraus leitet er – im Gegensatz zu seinen Vorbildern – die Legitimation für sein Auftreten als *vates* ab?

Begleittexte zu Text 1

B 1. Für seinen Ratgeber *Der gute Ton. Das Handbuch feiner Lebensart in Wort und Bild* (Zürich 1957) wählte der Karikaturist Loriot folgende Einleitung:
»Diese Aufzeichnungen sind nur für den ganz kleinen Kreis von Herrschaften bestimmt, deren Umgangsformen noch nicht von jener letzten Eleganz gekennzeichnet sind, die heute schon breitesten Bevölkerungsschichten zur Selbstverständlichkeit geworden ist.«

B 2. Die Verfasser der ältesten erzählenden und belehrenden Dichtungen der Griechen begründeten den Brauch diesen Werken Proömien (»Vorreden«) voranzustellen und fast alle Späteren folgten ihrem Beispiel. Für die gesamte Tradition wesentliche Elemente sind in den Texten B 2–4 hervorgehoben.

Homer (8. Jh. v. Chr.), *Odyssee* I 1–4,10:
> »*Nenne mir, Muse, den Mann*, den vielfach gewandten, der weithin
> wude verschlagen, als Trojas heilige Stadt er zerstörte.
> Städte von vielerlei Menschen sah er und erkannte ihr Wesen,
> Leiden gar viele ertrug er im Meer mit standhaftem Herzen ...
> *davon erzähle – beginn', wo du willst –, du Tochter des Gottes!*«

B 3. Hesiod (um 700 v. Chr.), *Theogonie* (»Herkunft der Götter«) 1–2,22–25:
> »*Helikonische*[1] *Musen, mit euch beginne mein Lied ich,*
> die ihr des Helikonberges geheiligte Höhen bewohnet ...
> *Jene (die Musen) lehrten Hesiod auch herrliche Lieder,*
> als er an Helikons heiligen Hängen die Schafe gehütet.
> *Also begannen zu mir die olympischen Musen zu sprechen,*
> die gewaltigen Töchter des Aigis haltenden[2] Gottes ...«

B 4. Mit traditionellen Elementen spielt der Satiriker Persius (34–62 n. Chr.), der etwa zwei Generationen nach Ovid lebte, in seinen programmatischen »Hinkjamben« (*Choliambi* 1–7):
> »Nec fonte labra prolui caballino
> nec in bicipiti somniasse Parnasso
> memini, ut repente sic poeta prodirem,
> Heliconidasque pallidamque Pirenen
> illis remitto, quorum imagines lambunt
> hederae sequaces; ipse semipaganus
> ad sacra vatum carmen adfero nostrum.«

> »Ich wusch die Lippen weder in der Rossquelle[3]
> noch denk an einen Traum ich auf dem Zweigipfel

---

1 Nach dem Helikon in Böotien, einem der Musen heiligen Berg.
2 Die Aigis (»Ziegenfell«) ist der schreckliche Schild des Zeus.
3 Gemeint ist die Quelle Hippukrene, die der Sage nach ein Hufschlag des Flügelpferdes Pegasos, des »Dichterrosses«, entspringen ließ. Wer aus dieser Quelle trank, gewann angeblich poetische Fähigkeiten.

Parnass[4], dass plötzlich ich als Dichter dastünde,
die Helkonierinnen[5] und die blasse Pirene[6],
die lass ich denen, deren Dichterbild lecken
des Efeus Ranken; ich in meiner Halbbildung
leg meine Songs zu der Propheten Weihgaben.«

Arbeitsaufträge zu Text 2

1. Welche Elemente des Textes sind kennzeichnend für den Stil eines »Ratgebers«?
2. (a) Wie ist der Text gegliedert?
   (b) Welche Satzglieder entsprechen sich jeweils?
   (c) Beschreiben Sie die Unterschiede in der Formulierung.
3. In welchen Schritten soll nach der Empfehlung des Dichters der Anfänger in Liebesangelegenheiten vorgehen?
4. (a) Mit wem wird der Anfänger verglichen?
   (b) Wie wird durch diesen Vergleich das Verhältnis zwischen den Geschlechtern charakterisiert?

Arbeitsaufträge zu Text 3

1. (a) Beobachten Sie in vv. 41–50 die Verbalinformationen und die entsprechenden Personal- und Possessivpronomina. Welche Gliederung des Textes ergibt sich daraus?
   (b) An wen wendet sich Ovid mit diesem Text?
   (c) Welcher Begriff aus dem vorangegangenen Abschnitt steht im Mittelpunkt dieses Textes?
   (d) Stellen Sie alle Wörter zusammen, die in Beziehung zu diesem Zentralbegriff stehen.
2. (a) Welche Aufgabe erfüllen die Vergleiche vv. 45–48 innerhalb des Textzusammenhangs?
   (b) Welche Rolle fällt dem jungen Mann, welche dem Mädchen zu?
   (c) Mit welchem Begriff wird dieses Rollenverständnis außerhalb der Vergleiche untermauert?
3. (a) Welche Untergliederung des Textes bewirken die in vv. 55–65 verwendeten Konnektoren?
   (b) Welche Aufgabe erfüllen die Wortwiederholungen?
   (c) Welche Aspekte werden durch gleichartige Wortwiederholungen im jeweiligen Kontext hervorgehoben?
   (d) Welcher weiteren formalen Elemente bedient sich der Dichter in diesem Zusammenhang?
4. Inwiefern widersprechen die Empfehlungen Ovids dem *mos maiorum*? Vgl. B 1.

---

4 Berg bei Delphi in Mittelgriecheland, den Musen heilig und Symbol der Dichtkunst. Ein Traum auf dem Parnass, so nahm man an, verschaffte Inspiration.
5 Die Musen (vgl. B 3).
6 Eine weitere Dichterquelle.

Begleittext zu Text 3

B 1. »Römische Ehen wurden nicht zuerst unter dem Gesichtspunkt der Liebe, sondern unter dem des gleichen Standes, des Nutzens, den beide beteiligten Familien daraus ziehen konnten, und ähnlichen Kriterien geschlossen.«
(H.-J. Glücklich: Catull – Gedichte [= Exempla Heft 1], 4. Auflage, Göttingen 1999, S. 11)

Arbeitsaufträge zu Text 4

1. (a) Was hat T 4 mit T 3 inhaltlich gemeinsam?
(b) Der in v. 92 deutlich erkennbare Gegensatz klingt bereits in v. 91 an. Ordnen Sie die einander entsprechenden Glieder der beiden Antithesen einander zu.
(c) Welche Stilfigur erkennen Sie? Was wird durch sie bewirkt?
2. (a) Welche Aufgabe erfüllen die beiden Vergleiche in vv. 93–96?
(b) Was ist der exakte Vergleichspunkt (das gemeinsame Dritte: *tertium comparationis*)? Nennen Sie das entsprechende lateinische Wort.
(c) Was veranschaulichen diese Verse über den eigentlichen Vergleichspunkt hinaus?
(d) Vergleichen Sie das Ergebnis von (c) mit v. 99.
(e) Wodurch wird die Aussage von v. 99 besonders nachdrücklich und einprägsam?
3. (a) Vergleichen Sie in B 1 Original und Übersetzung kritisch.
(b) Erläutern Sie, wie das Original und wie die Übersetzung den Sachverhalt darstellt.
(c) Wie sieht Ovid sich selbst?
4. Welche Gemeinsamkeit mit T 3 und 4 weist B 2 auf?
5. Römische Theater in großen Städten boten bis zu 24 000 Zuschauern Platz. Sie verfügten über ein raffiniertes System von überwölbten Treppen und Ausgängen, sodass die Besucher sie in bis heute nicht wieder erreichter kurzer Zeit füllen und auch wieder verlassen konnten. Suchen Sie in T 4 nach Belegen, die diese Aussagen bestätigen, und versuchen Sie das Fassungsvermögen des S. 15 abgebildeten Theaters (Abb. 1) zu schätzen. Erkundigen Sie sich auch zum Vergleich danach, wie viele Menschen ein großes Opernhaus, ein Fußballstadion oder eine moderne Konzerthalle aufnehmen können.

Begleittexte zu Text 4

B 1. v. 98 (... *copia iudicium saepe morata meum*) wird von F. Burger nach W. Hertzberger (P. Ovidius Naso, Liebeskunst. Lateinisch und deutsch, München 1940) folgendermaßen übersetzt:
»... dass mein Urteil oft sich durch die Menge verwirrt.«

B 2. Catull (um 85–54 v. Chr.) schrieb Liebesgedichte; ebenso *poeta doctus* wie Ovid (vgl. A 6 zu T 1), wusste er in sie mit großer Könnerschaft traditionelle Elemente einzuschmelzen.

»Quaeris, quot mihi basiationes
tuae, Lesbia, sint satis superque.
Quam magnus numerus Libyssae arenae
lasarpiciferis iacet Cyrenis
oraclum Iovis inter aestuosi
et Batti veteris sacrum sepulcrum
aut quam sidera multa, cum tacet nox,
furtivos hominum vident amores.
Tam te basia multa basiare
vesano satis et super Catullo est,
quae nec pernumerare curiosi
possint nec mala fascinare lingua.«

»Du fragst, wie viele Küsse von dir,
Lesbia, mir genug und übergenug sind.
Welch große Zahl von libyschen Sandkörnern
in der Silphion[7] tragenden Kyrenaika liegt
zwischen dem Orakel des glutheißen Jupiter
und des alten Battos[8] heiligem Grabmal,
oder, wie viele Sterne, wenn die Nacht schweigt,
auf die heimlichen Liebschaften der Menschen herabsehen –
so viele Küsse dir zu geben
ist dem liebestollen Catull genug und übergenug,
(so viele Küsse), dass sie weder die Neugierigen zu Ende zählen
noch eine böse Zunge sie behexen könnten.«

Arbeitsaufträge zu Text 5

1. (a) Welches Thema der folgenden Passage nennen die beiden Eingangsverse?
   (b) In welchen Versen wird dieses Thema wiederholt und präzisiert?
   (c) Welche Gliederung des Abschnitts wird so erkennbar?
2. (a) Benennen Sie die Einzelsituationen, mit denen Ovid den Gesamtvorgang veranschaulicht.
   (b) Untersuchen Sie die Reihenfolge und beschreiben Sie, nach welchem Prinzip diese angelegt ist.
3. (a) Bestimmen Sie Tempora und Modi der Hauptsatzprädikate.
   (b) Welcher Modus erscheint besonders häufig?
   (c) Welche Rollenverteilung zwischen Dichter und Leser wird durch diesen Modus betont?
   (d) Welche Versgruppe fällt durch Tempus und Modus aus dem Rahmen?
   (e) Begründen Sie diesen Wechsel von Tempus und Modus.
4. (a) Was versteht Ovid unter *lex loci*?
   (b) Deuten Sie die Funktion der Wortstellung ... *lege puella loci* (v. 142).
5. (a) Welchen gedanklichen Zusam-

---

7 Silphion ist eine Gewürzpflanze.
8 Battos war der sagenhafte Gründer von Kyrene.

menhang stellt Ovid in vv. 165–170 zwischen dem Geschehen in der Arena und der Liebe her?
(b) Bewerten Sie diesen Übergang.
6. Es dürfte in Rom ebenso wenig wie heute »normal« gewesen sein, dass bei einer sportlichen Veranstaltung ein junger Mann sich von einem Mädchen informieren lässt (aktualisierte Fassung von v. 145: »Wissen Sie zufällig, wer heute bei Schalke im Tor steht?«)
(a) Worin besteht das besondere Raffinement derartiger Fragen?
(b) Weshalb macht das empfohlene Vorgehen den erwünschten Kontakt besonders wahrscheinlich?
7. Welche der Empfehlungen Ovids verlangt von dem jungen Mann unter Umständen ein hohes Maß an Selbstverleugnung? Vgl. B 1.
8. (a) Welche von den heutigen Verhaltensforschern dargestellten Phänomene (vgl. B 2) hat Ovid beobachtet und beschrieben, ohne jene Forschungsrichtung zu kennen?
(b) Benennen Sie das von Ovid beschriebene Verhalten mit den in B 2 verwendeten Fachbegriffen.
9. »... *sie trug einen Mantel, der sie ganz einhüllte; unter der rechten Achsel hindurchgezogen zur linken Schulter, wobei er einen Wulst bildete; reich gefältelt fiel er bis zum Boden, am Rand mit reizenden Fransen verziert.«* (Apuleius, Metamorphosen XI 3,5)
Vergleichen Sie diese Beschreibung mit Abb. 2, S. 17. Ermitteln Sie anhand eines Sachbuchs (z.B. Pleticha/Schönberger, Die Römer, München 1977), aus welchen Teilen die Kleidung einer Römerin bestand – den wichtigsten, die *stola*, erkennen Sie auch auf dem Bild. Welchen Trick empfiehlt Ovid dem Liebhaber unausgesprochen, damit er das in in v. 155 genannte Ziel erreicht?
10. Schreiben Sie, lateinisch oder deutsch, ein Textbuch zu der Annäherungsszene und spielen Sie sie mit verteilten Rollen.

Begleittexte zu Text 5

B 1. Bei den im kaiserzeitlichen Rom ausgetragenen Wagenrennen gingen in der Regel Gespanne von vier miteinander konkurrierenden Rennställen an den Start, die von Zusammenschlüssen reicher Privatleute finanziert wurden. Diese *factiones* (»Zirkusparteien«) waren nach den Farben benannt, in denen die Kleidung der Wagenlenker, die Wagen selbst und das Pferdegeschirr gehalten waren: weiß, grün, rot oder blau. Die Zuschauer favorisierten mit großer Leidenschaft die einzelnen »Parteien« und fanden in dieser Hingabe eine Art Ersatzbefriedigung, da sie ja an politischen Entscheidungen nicht beteiligt waren. So konnte sich Unzufriedenheit mit dem Kaiser z.B. dadurch artikulieren, dass man die Gespanne der »Partei« auspfiff, der er selbst zuneigte. – Wer seine Sympathien offen zeigen wollte, brachte sie durch die Farbe seiner Kleidung zum Ausdruck.

B 2. Die Paarbildung vollzieht sich, wie die vergleichende Verhaltensforschung zeigt, bei höher entwickelten Lebewesen nach festen Gesetzen. Die auftretenden Verhaltensmuster sind dabei teilweise dem Bereich der Eltern-Kind-Beziehung entlehnt: Indem der Anschluss Suchende sich »klein« und »hilflos« gibt und körperliche Nähe sucht, löst er durch solche »Kindchenappelle« »Brutpflegehandlungen«, also Zuwendung aus. Soziale Körperpflege, z.B. das gegenseitige »Lausen« der Affen, liegt dem Streicheln und Kraulen zugrunde.
Beim Menschen ist die Unterhaltung über alltägliche Gegenstände ein wichtiges Band stif-

tendes Ritual. Gerade weil kaum Informationen weitergegeben werden (»Schönes Wetter heute«), lässt die Fortführung eines solchen Gesprächs Interesse der Partner aneinander erkennen.
Band stiftend wirken auch gemeinsame Sympathien bzw. Aggressionen: Die gegen einen vermeintlichen oder tatsächlichen Gegner gerichteten Energien begründen eine »Kampfgemeinschaft«.
Schließlich gehören die – oft komplizierten – Formen des Grußes, des gegenseitigen Schenkens und sonstige Aufmerksamkeiten in den weiten Bereich der Binderituale. (Zusammenfassend nach I. Eibl-Eibesfeld: Liebe und Hass. Zur Naturgeschichte elementarer Verhaltensweisen, München 1970, S. 124–151)

Arbeitsaufträge zu Text 6

1. (a) Bestimmen Sie Tempus und Modus der Hauptsatzprädikate.
   (b) Welche Verse erweisen sich durch die Art ihrer Formulierung im Vergleich zu den bisher gegebenen Empfehlungen als auffällig?
2. (a) Welche Aufgabe erfüllen vv. 223–226 in dem Zusammenhang, in den sie eingebettet sind (221f./227f.)?
   (b) Beschreiben Sie die in diesen Versen verwendeten Stilmittel.
3. (a) Von welcher Erwartungshaltung des Mädchens gegenüber dem Mann gehen Ovids Ratschläge aus?
   (b) Wie kommt ihr der Mann entgegen?
4. In welchem Zusammenhang stehen T 5 und 6?
5. Wollte man die kleine Szene so, wie Ovid sie bringt, filmen, wären drei verschiedene Kammeraeinstellungen nötig. Vergegenwärtigen Sie sich diese, indem Sie arbeitsteilig den Text in einen Comic – mit Sprechblasen – umsetzen.

Arbeitsaufträge zu Text 7

1. (a) Welche Wirkungen werden im Text dem Wein zugeschrieben?
   (b) Wo greift der Dichter – z.T. mit anderen Worten – bereits Gesagtes wieder auf?
   (c) Was bewirkt er durch derartige Wiederholungen?
2. Für welchen Abschnitt des Textes passt die Überschrift »In vino veritas«?
3. Der Text gliedert sich in zwei deutlich voneinander abgehobene Teile.
   (a) Grenzen Sie diese Teile voneinander ab.
   (b) Welche Unterschiede in Inhalt und Darstellung erkennen Sie?
   (c) In welchem Verspaar lässt sich eine Überschneidung der beiden Themenbereiche feststellen?
4. Öllampen wie die S. 20 abgebildete (Abb. 3) dienten in römischen Häusern zur Beleuchtung. Die Lichtstärke entspricht der einer Kerze; als Brennstoff nahm man Olivenöl. Ovid nennt in v. 245f. diese Lampen »trügerisch« und bringt außerdem *nox* und *merum* (nicht mit Wasser vermischten Wein) ins Spiel.
   Prüfen Sie die Berechtigung seiner Warnung aus antiker und moderner Sicht, indem Sie den Alkoholgehalt des Weins und den Aufwand zur Beleuchtung eines Raums vergleichen.
5. Was will Ovid mit seiner Anspielung

auf das Parisurteil (v. 247f.) im Textzusammenhang verdeutlichen?
6. Erklären Sie das Bild *consule diem de gemmis, de lana, de facie corporibusque* (v. 251f.) und erläutern Sie seine Funktion im Textzusammenhang.
7. (a) Welche grundsätzliche Gemeinsamkeit mit dem Ovidtext weist B 1 auf?
(b) Wodurch unterscheidet sich das *Carmen Buranum* vom Ovidtext?
(c) Ordnen Sie gleichartige Aussagen der beiden Texte einander zu.
8. Die Empfehlungen für das Verhalten der Damen bei Einladungen bringt T 28; vergleichen Sie ihn mit T 7.
9. Der Text enthält eine ganze Reihe von Aussagen, die, teils im Lateinischen, teils im Deutschen, sprichwörtlich gebraucht werden. Sammeln Sie passende Sprichwörter (z.B. »*In vino veritas*« – »In der Nacht sind alle Katzen grau«) und ordnen Sie sie den entsprechenden Versen zu.

Begleittext zu Text 7

B 1. In den *Carmina Burana*, einer Liedersammlung aus dem 13. Jahrhundert, besingen christliche Dichter aus der Studentenschaft (so genannte Vaganten, »fahrende Schüler«) und der Geistlichkeit immer wieder das Wirken von Bacchus und Venus:

»Bacche, benevenias	Willkommen, Bacchus,
gratus et optatus,	du Lieber, Erwünschter,
per quem noster animus	der unser Herz
fit laetificatus.	mit Freude erfüllt.
Istud vinum, vinum bonum,	Da, der Wein, der gute Wein,
vinum generosum	der edle Wein
reddit virum curialem,	macht den Mann zum Gentleman,
probum, animosum.	zum Ehrenmann, zum Helden.
Bacchus forte superans	Wenn Bacchus heldenhaft
pectora virorum	bezwingt die Männerherzen,
in amorem concitat	füllt er sie mit Liebes-
animos eorum.	verlangen.
Istud vinum ...	Da, der Wein ...
Bacchus saepe visitans	Bacchus findet sich auch oft
mulierum genus	bei der Damenwelt ein
facit eas subditas	und macht sie dir ergeben,
tibi, o tu Venus.	Göttin Venus.
Istud ...	
Bacchus venas penetrans	Bacchus durchdringt die Adern
calido liquore	mit heißer Flüssigkeit
facit eas igneas	und macht sie feurig
Veneris ardore.	in Liebesglut.
Istud ...	
Bacchus lenis, leniens	Sanft lindert Bacchus
curas et dolores,	Sorgen und Schmerzen,
confert iocum, gaudia,	bringt Scherz und Freude,
risus et amores.	Lachen und Liebe.
Istud ...	

Bacchi numen faciens	Bacchus' göttliche Kraft
hominem iucundum	macht den Menschen reizend
reddit eum pariter	und zugleich auch
doctum et facundum.	gescheit und beredt.
(...)	(...)«

(Carmina Burana, hrsg. v. B. Bischoff/A. Hilka/O. Schumann, Heidelberg 1930–1970, Nr. 200)

Arbeitsaufträge zu Text 8

1. (a) Beobachten Sie Subjekte, Prädikate und Konnektoren.
   (b) Gliedern Sie den Text auf der Grundlage Ihrer Beobachtungen.
   (c) Welche Aufgabe erfüllt die gesamte Passage?

Arbeitsaufträge zu Text 9

1. Gliedern Sie den Abschnitt (vv. 269–346) und fassen Sie die Aussagen der einzelnen Teile schlagwortartig zusammen.
2. (a) Welche Aufgabe erfüllen die Vergleiche v. 271f.?
   (b) Beschreiben Sie den Aufbau dieser Passage.
3. (a) Stellen Sie Wörter und Wendungen zusammen, mit denen Ovid die innere Einstellung der Frau gegenüber der Werbung des Mannes beschreibt.
   (b) Setzen Sie v. 279f. dazu in Beziehung.
   (c) Sammeln Sie die Aussagen über die Stärke des männlichen Verlangens und vergleichen Sie diese mit denen über das weibliche Verlangen.
   (d) Vergleichen Sie dazu B 1.
   (e) Welche Wendung des Textes ließe sich, ggf. leicht abgewandelt, als Überschrift darüber setzen?
4. Beurteilen Sie Ovids Darlegung unter dem Gesichtspunkt späterer Auffassungen (vgl. B 2).
5. Informieren Sie sich anhand eines Sachbuchs (z.B. Reclams Opern- und Operettenführer) über den Inhalt von Mozarts Oper »Cosi fan tutte«.
   (a) Welche gedanklichen Berührungen mit Ovids Text stellen Sie fest?
   (b) Diskutieren Sie darüber, ob diese Oper ein falsches Bild vom Wesen der Frauen vermittelt und ob man sie – trotz Mozarts herrlicher Musik – aus den Spielplänen der Theater herausnehmen sollte.

Begleittexte zu Text 9

B 1. In seinen *Metamorphosen* (»Verwandlungssagen«) erklärt Ovid, warum der weise Tiresias von Juno mit Blindheit geschlagen, von Jupiter aber mit der Gabe der Weissagung beschenkt wurde (*met.* 3, 218–338):
»Zufällig, so sagt man, habe Jupiter, vom Nektar erheitert, alle schweren Sorgen vergessen und sich mit der unbeschwerten Juno scherzhaft unterhalten. ›Tatsächlich‹, sagt er da, ›ist

euer Lustempfinden (Verlangen) größer als das der Männer.‹ Jene streitet das ab. Man entschließt sich den klugen Tiresias nach seiner Meinung zu fragen. Diesem waren beide Arten der Liebe bekannt, denn er hatte einst die Leiber von zwei großen Schlangen, die sich im grünen Wald paarten, mit einem Stockhieb verletzt, war – welch ein Wunder – vom Mann zur Frau geworden und hatte so sieben Herbste verbracht. Im achten sah er dieselben Schlangen wieder und sprach: ›Wenn ein Schlag gegen euch solche Macht hat, dass er des Täters Geschick ins Gegenteil verkehrt, will ich euch auch jetzt schlagen.‹ Und nach dem Hieb gegen dieselben Schlangen kehrte seine frühere Gestalt wieder, kam sein angeborenes Geschlecht zurück.
Dieser also wurde als Schiedsrichter in dem heiteren Streit bestellt und bestätigte Jupiters Worte. Juno, die Tochter Saturns, soll das über Gebühr gekränkt haben, mehr jedenfalls, als es der Sache angemessen war, und sie verurteilte ihren Richter dazu in ewiger Nacht zu leben. Doch der allmächtige Vater – nie nämlich darf die Taten eines Gottes ein anderer Gott ungeschehen machen – verlieh ihm für den Verlust des Augenlichts die Kenntnis der Zukunft und milderte durch diese Auszeichnung die Strafe ab.«

B 2. Die in Antike und Mittelalter oft geäußerte Ansicht, Frauen seien »von Natur aus in der Wollust unersättlich«, ist eine der Grundannahmen des *Malleus maleficarum* (»Hexenhammer«) der Dominikanermönche Jakob Sprenger und Heinrich Institoris, der 1487 erschien; wegen dieser Eigenschaft seien sie eher als Männer zum Pakt mit dem Teufel bereit, der wüsten Sexualverkehr mit Dämonen einschließe, und stellten sozusagen die Einfallspforte für den Teufel in Gottes wohl geordnete Welt dar.

Arbeitsaufträge zu Text 10

1. Gliedern Sie den Text und fassen Sie die einzelnen Anweisungen schlagwortartig zusammen.
2. (a) An welchen Stellen wird das Gesagte durch Beispiele verdeutlicht?
   (b) Welchen Bereichen sind diese Beispiele entnommen?
3. (a) Was soll ein Liebesbrief nach Ovids Ansicht leisten?
   (b) Belegen Sie die einzelnen Aufgaben mit Wendungen aus dem Text.
4. Ein römisches Schreibtäfelchen (s. Abb. 4, S. 23) ist rasch hergestellt: Man braucht eine dünne Holzplatte, ca. 10 x 15 cm, auf die ein ca. 1,5 cm breiter und 0,3 cm dicker Rahmen aufgeleimt wird. Den für das Wachs bestimmten Innenraum kann man mit weicher Knetmasse füllen, als *stilus* eignet sich ein langer Nagel. Stellen Sie in Gruppenarbeit solche Täfelchen her und füllen Sie sie mit lateinischen Sätzen, entsprechend den Empfehlungen Ovids. Sie können auch geeignete Zitate aus der *ars amatoria* verwenden um festzustellen, wie viel Text das Schreibmaterial und der vorhandene Platz zulassen.
5. Dass in der Liebe die gleichen *bonae artes* (v. 459) Erfolg versprechen wie vor Gericht und in der Politik, ist für einen Menschen von heute eine auf den ersten Blick befremdliche Behauptung. Überdenken Sie die soziale Bedeutung der Rhetorik im antiken Rom anhand von B 1.
6. Liebesbriefe sind in unserer Zeit etwas aus der Mode gekommen.
   (a) Informieren Sie sich, z.B. anhand eines so genannten Briefstellers (»Briefe für alle Lebenslagen«), wie frühere Generationen solche Briefe abfassten, und vergleichen Sie sie mit Ovids Empfehlungen.
   (b) Verfassen Sie selbst Liebesbriefe

an fiktive Partnerinnen oder Partner und tauschen Sie sie untereinander aus.
(c) Suchen Sie an Wänden (Graffiti), im Internet, im Kleinanzeigenteil der Zeitungen und Stadtmagazine moderne »Liebesbotschaften« zum Vergleich.

Begleittext zu Text 10

B 1. »Rhetorische Haltung ist grundlegend für römisches Reden und Schreiben. Versteht man diese Haltung nicht, versteht man römisches Leben und römische Literatur wahrscheinlich falsch oder nicht vollständig. Das antike Leben war weitgehend von der Mündlichkeit geprägt, und die Römer erfuhren in der Rhetorik, die sie von den Griechen übernahmen und weiterentwickelten, eine Hilfe zur Orientierung und Bewährung in einer sich wandelnden Welt. So begann es im 2. Jahrhundert nach der stürmischen Aufbauphase des Römischen Reiches, und so blieb es über mehrere Jahrhunderte. Es gab keine Massenmedien, die Rede und Gespräch ersetzten oder zurückdrängten.
Stilistische Eigenheiten waren keine aufgesetzten Äußerlichkeiten, sondern ergaben sich aus einem starken Wirkungswillen. Auch die Grammatik ist in vielen Bereichen ein Wirkmittel der Rhetorik ...«
(H.-J. Glücklich, Redekunst – Lebenskunst [= Consilia Heft 2], 2. Auflage, Göttingen 1990, S. 3)

Arbeitsaufträge zu Text 11

1. (a) Gliedern Sie den Text in Sinnabschnitte.
   (b) Achten Sie dabei auf die unterschiedlichen Aufgaben, die der Konnektor *nec* erfüllt.
2. (a) Was soll durch die mythologischen Beispiele in vv. 509–512 erwiesen werden?
   (b) Versuchen Sie zu begründen, warum Ovid gerade Theseus, Hippolyt und Adonis auswählte.
3. (a) Vergleichen Sie das von Ovid entworfene Bild eines gepflegten Mannes mit B 1.
   (b) In welchen Punkten stimmen die Empfehlungen Ciceros und Ovids überein? Sammeln Sie die entsprechenden Begriffe.
   (c) Inwiefern besteht ein Unterschied in der Zielvorstellung?
4. (a) Welche von Ovid genannten Bereiche der Körperpflege werden heute besonders ernst genommen?
   (b) Welche kosmetischen Maßnahmen empfindet Ovid als »unmännlich«? Vergleichen Sie heutige Vorstellungen.
5. Untersuchen Sie anhand von Anzeigen in Illustrierten, von Fernsehspots o.Ä., welches Bild des gepflegten Mannes die moderne Werbung zeichnet.
6. Zahllose Mittel zur Körperpflege stehen Menschen von heute zur Verfügung und werden von der Werbung empfohlen.
   (a) Erstellen Sie mithilfe passender Ausschnitte aus Anzeigen und Prospekten eine Collage »Der gepflegte Mann«.
   (b) Passen Sie in diese Collage Ausschnitte aus Ovids Text ein.

Begleittext zu Text 11

B 1. In seiner Schrift *De officiis* (1,130), in der M. Tullius Cicero seinem Sohn Ratschläge für eine an den Grundsätzen der stoischen Philosophie ausgerichtete Lebensführung gibt, finden sich folgende Bemerkungen zur Pflege des Äußeren:
»Nun gibt es zwei Arten von Schönheit: die Anmut, die wir dem weiblichen Geschlecht, und die Würde, die wir dem männlichen Geschlecht zuordnen müssen. Der Mann sollte in seiner äußeren Erscheinung auf jeden Schmuck verzichten, der seiner nicht würdig ist, und einen ähnlichen Fehler auch in seinen Gesten und Bewegungen vermeiden. Denn Bewegungen, die an den Sportplatz erinnern, sind oft recht abstoßend und manche Gebärden der Schauspieler sind nicht frei von Albernheit. Man lobt in beiden Bereichen, was recht und schlicht ist.
Zu einem würdevollen männlichen Äußeren gehört eine gesunde Hautfarbe, die man sich durch körperliche Übungen erwirbt. Auch auf Sauberkeit ist zu achten, hier darf man allerdings nicht übertreiben und allzu penibel sein. Sauberkeit ist nur in dem Maße angebracht, als sie frei ist von bäurischer Nachlässigkeit, die einem gebildeten Menschen nicht ansteht. Derselbe Grundsatz gilt für die Kleidung; auch hier ist, wie bei den meisten Dingen, die Mitte am besten.«

Arbeitsaufträge zu Text 12

1. Stellen Sie aus dem Text alle Wörter und Wendungen zusammen, die sich auf die Werbung des Mannes beziehen.
2. Benennen Sie die unterschiedlichen Reaktionen, mit denen Ovid rechnet.
3. Welches denkbare weibliche Verhalten schließt Ovid von vornherein aus? Warum wohl?
4. Was kann ein Verliebter nach Ovids Ansicht durch das Angebot von *amicitia* erreichen?

Arbeitsaufträge zu Text 13

1. Welche beiden Phasen der sich entwickelnden Liebesbeziehung nennt der Text als abgeschlossen? Geben Sie die lateinischen Begriffe an.
2. Welche Phase steht noch bevor?
3. (a) Inwiefern sind in dieser Phase größere Schwierigkeiten zu erwarten?
(b) Welche Eigenschaften Amors werden zur Begründung angeführt?
(c) Welche objektiven Gründe ließen sich nennen?

Arbeitsaufträge zu Text 14

1. (a) Auf welchen Gegensatz hin ist der Text angelegt?
(b) Ordnen Sie den einander gegenübergestellten Begriffen die Wörter und Wendungen zu, die ihre jeweilige Eigenart bezeichnen.
2. (a) Wo sind Vergleiche in den Text eingeschoben?

(b) Was sollen diese erweisen?
3. Vergleichen Sie v. 113f. mit B 1; wo erkennen Sie Übereinstimmungen?
4. Was sucht Ovid mit der Mahnung *et tibi iam venient ...* zu erreichen? Vergleichen Sie demgegenüber B 2.

Begleittexte zu Text 14

B 1. Nach einem griechischen Mythos entführte Eos (lat. Aurora), die Göttin der Morgenröte, Tithonos, den Bruder des Priamos, wegen seiner außergewöhnlichen Schönheit und erbat sich für ihn von Zeus ewiges Leben. Da sie aber vergessen hatte auch um ewige Jugend für ihren Geliebten zu bitten, alterte Tithonos wie ein gewöhnlicher Mensch, wurde runzlig und schrumpfte schließlich immer mehr zusammen – bis auf die Größe einer Zikade und wie das Zirpen dieses Insekts klingt nun seine Stimme, das Einzige, was an ihm noch zu leben scheint.

B2. Rufinos, ein griechischer Epigrammatiker des 3. Jahrhunderts n. Chr., verfasste das folgende Gedicht, das in der *Anthologia Graeca* (V,21), einer umfangreichen Sammlung, erhalten blieb:
»Sagte ich's nicht, Prodike: ›Wir altern‹? Hab ich es dir nicht
angekündigt, dass kommt, was jede Liebe zerstört?
Jetzt bist du runzlig, dein Haar ist grau, dein Leib geht in Fetzen –
längst hat auch dein Mund nicht mehr den früheren Reiz.
Kommt noch jemand zu dir, du Stolze, und macht Komplimente?
Nein, man flüchtet vor dir wie vor dem offenen Grab.«

Arbeitsaufträge zu Text 15

1 (a) Stellen Sie Wörter und Wendungen zum Thema »Nachgeben« zusammen.
(b) Mit welchen Begriffen bezeichnet Ovid das gegenteilige Verhalten?
2. Suchen Sie aus den drei Textabschnitten die beiden Begriffe heraus, mit denen die Rolle der Geliebten und des Liebhabers benannt sind. Vgl. dazu B 1.
3. Im dritten Textabschnitt (vv. 223– 250) wird die Rolle des Liebhabers unter einem neuen Aspekt gesehen, der schon in T 2 anklang. In welchem Punkt sind die beiden Rollen, die er zu spielen hat, vergleichbar? (Vgl. auch B 2.)
4. Auf welche Situation ist in v. 237f. angespielt? (Vgl. B 3.)
5. Gestalten Sie anhand des Texts eine pantomimische Szenenfolge zum Thema »*Cedendo victor abibis*« und führen Sie sie auf.

Begleittexte zu Text 15

B 1. Rufinos, *Anthologia Graeca* V,22:
»Dir als Sklaven, Boopis, hat Eros mich überliefert,
spannte mich wie einen Stier in ein willkommenes Joch.
Selber ja will ich's, zu allem bereit, in allem dein Diener,
nie mehr wünsche ich mir bittere Freiheit zurück ...«

B 2. Beim Finden des Mädchens, so schrieb Ovid zu Beginn des 2. Buchs (vgl. T 13), war noch Zufall im Spiel, dauerhafte Liebe ist ein Werk der *ars*. Zu den Voraussetzungen jeder »Kunst« äußert sich der Psychoanalytiker Erich Fromm folgendermaßen:
»Jede Kunst stellt bestimmte allgemeine Anforderungen an den, der sie ausüben will. Dabei ist es völlig gleichgültig, ob es sich um die Kunst des Teppichknüpfens, die Heilkunst oder die Kunst zu lieben handelt. Erstens verlangt die Ausübung einer Kunst Disziplin ... Dass als weiterer Faktor Konzentration eine notwendige Bedingung für die Beherrschung einer Kunst ist, bedarf wohl kaum eines Beweises. Als dritter Faktor muss Geduld hinzukommen. Wie nötig sie ist, weiß jeder, der eine Kunst beherrschen will. Wer schnell auf Erfolg aus ist, wird niemals eine Kunst erlernen. Sich in Geduld zu üben fällt den heutigen Menschen allerdings genauso schwer wie Disziplin und Konzentration.«
(Übersetzt aus Erich Fromm, The Art of Loving, London 1975, S. 90f.)

B 3. Kallimachos, geb. um 300 v. Chr., einer der bedeutendsten Dichter des Hellenismus, gestaltete in dem folgenden Epigramm aus der *Anthologia Graeca* (V,23) die Klage eines Liebhabers vor der verschlossenen Tür (»Paraklausithyron«):
»Selber sollst du so schlafen, wie du mich, Konopion, lässt liegen
  in der kalten Nacht, wartend hier vor deiner Tür.
Selber sollst du so schlafen, wie du deinen Liebhaber bettest,
  Ungerechte, du kennst Mitleid nicht einmal im Traum.
Mitleid haben die Nachbarn, nicht du. Na warte, du Schlimme:
  Wird erst grau dir das Haar, denkst du an alles voll Schmerz.«

Arbeitsaufträge zu Text 16

1. Zur Bedeutung von Lob und Anerkennung vgl. B 1.
2. Gliedern Sie den Text und stellen Sie fest, welche Reihenfolge Ovid bei dem gewählt hat, was der Liebhaber bewundern soll.
3. Welche Absicht könnte mit der Mahnung verbunden sein sich vor Kälte in Acht zu nehmen (v. 302)?
4. Weshalb empfiehlt Ovid so nachdrücklich Worte des Bedauerns, wenn das Mädchen nicht mehr singt oder tanzt (v. 305f.)?
5. An welchen Stellen des Textes wird deutlich, dass der Liebhaber sich nach dem Willen des Dichters am Geschmack des Mädchens zu orientieren hat?
6. (a) Vergleichen Sie die Verse 311–314 mit T 10, vv. 463ff.
   (b) Suchen Sie ein passendes deutsches Sprichwort als Überschrift über die Passage.
7. Auch diese Szene lädt zum Nachspielen ein. Erarbeiten Sie ein kurzes lateinisches Szenario mit deutschen Regieanweisungen.

Begleittext zu Text 16

B 1. Jeder Mensch benötigt, soll er nicht seelisch aus dem Gleichgewicht geraten, ein gewisses Maß an Lob und Anerkennung; populär-psychologische Veröffentlichungen sprechen von den täglichen »Streicheleinheiten«. Ein Ehemann, der die Kochkünste seiner Frau nie

einer positiven Bemerkung würdigt, braucht sich über zunehmende Entfremdung nicht zu wundern; ein Vorgesetzter, der die Leistung seiner Mitarbeiter nie lobt, schadet seinem Unternehmen, da er Unlust und Aggressionen weckt.
Komplimente, kleine Aufmerksamkeiten, Worte der Bewunderung, wie sie Ovid empfiehlt, sind somit weit mehr als Ausdruck bestimmter gesellschaftlicher Konventionen: Sie gehören zu den wirkungsvollsten »Band stiftenden« Aktivitäten (vgl. B 2 zu T 5) und sind auch eine unabdingbare Voraussetzung dafür, einer Bindung Dauer zu verleihen.

Arbeitsaufträge zu Text 17

1. Ordnen Sie die in vv. 657–661 mit *Fusca* beginnende Satzfolge nach Haupt- und Glied-(Neben-)sätzen.
   (a) Was enthalten jeweils die Haupt-, was die Gliedsätze?
   (b) Was beobachten Sie beim Vergleich der Hauptsatzprädikate?
   (c) Wo lassen sich Ellipsen (Auslassungen von Satzgliedern) feststellen?
   (d) Untersuchen Sie die Abfolge von Haupt- und Gliedsätzen. Welches Stilmittel erkennen Sie? Was bewirkt es?
2. Vergleichen Sie B 1–3 mit dem Text.
   (a) Für wen sind die beschönigenden Bezeichnungen in erster Linie bestimmt: für den Liebhaber oder für die Geliebte?
   (b) Welcher Methode bedient sich Ovid ebenso wie Lukrez (B 1) und da Ponte (B 2) um einen objektiven Mangel zu etwas Positivem zu machen?

Begleittexte zu Text 17

B 1. In seinem Lehrgedicht *De rerum natura* sucht Lukrez (um 96–55 v. Chr.) nachzuweisen, dass »Liebe blind macht« (*de rerum natura* 4,1160–1168):
»Nigra melichrus est, immunda et fetida acosmos,
caesia Palladium, nervosa et lignea dorcas,
parvula, pumilio chariton mia, tota merum sal,
magna atque immanis cataplexis plenaque honoris.
Balba loqui non quit – traulizi; muta pudens est.
At flagrans odiosa, loquacula Lampadium fit.
Ischnon eromenion tum fit, cum vivere non quit
prae macie; rhadine verost iam mortua tussi.«
»Die Schwarze ist brünett, die Schmutzige, Unsaubere leger; die Grauäugige ein Bild der Pallas, die Drahtige, Hölzerne eine Gazelle; die Kleine, Zwerghafte eine der Grazien, der leibhaftige Charme; die Große, Gewaltige ein Phänomen, eine hoheitsvolle Erscheinung. Die stottert und nicht sprechen kann, lispelt – und die Stumme ist bescheiden. Aus der geschwätzigen Feuerzange wird ein reizender Hitzkopf. Ma petite cherie wird sie dann, wenn sie nicht leben kann vor Magerkeit; ein Seelchen, wenn sie sich totgehustet hat.«

B 2. In Mozarts Oper *Don Giovanni* (Text von Lorenzo da Ponte, 1749–1838) zählt der Diener des klassischen Frauenhelden die zahllosen Eroberungen seines Herrn auf und betont, dass er keinen Unterschied mache zwischen jung und alt, schön und hässlich, blond und braun; jede sei ihm recht:

»Große nennt er majestätisch,
stolz und vornehm, gravitätisch;
doch die Kleinen, ja die Kleinen,
die sei'n possierlich, die sei'n manierlich,
sei'n fein und zierlich ...«

B 3. Ein wenig anders arrangierte sich Friedrich Rückert (1788–1866) in seinen *Hinkenden Iamben* mit den kleinen Schwächen seiner Mädchen:
»Einst hatt' ich ein Mädchen, das auf einem Aug' schielte;
weil sie mir schön schien, schien mir Schielen auch Schönheit.
Einst hatt' ich eine, die beim Sprechen mit der Zung' anstieß;
mir war's kein Anstoß, stieß sie an und sprach ›Liebs-ter‹.
Einst hatt' ich eine, die auf einem Fuß hinkte;
›Ja freilich‹, sprach ich, ›hinkt sie, doch sie hinkt zierlich.‹«

Arbeitsaufträge zu Text 18

1. Was bezwecken Palme, Myrtenkranz und wohlriechendes Haaröl? Berücksichtigen Sie v. 739f. und B 1.
2. Untersuchen Sie den Aufbau von v. 735–738.
(a) Wo stehen jeweils die Subjekte?
(b) Nach welchem System wechseln echte Eigennamen mit Patronymika (»Vatersnamen«, z.B. *Telamonius* statt *Aiax*) ab?
(c) In welcher Weise werden die einzelnen *artes* bezeichnet?
(d) Inwiefern fallen *amator* und *ego* aus dem Rahmen?
e) Was soll dadurch wohl bewirkt werden?
3. Vergleichen Sie die eben untersuchte Passage mit T 1, vv. 5–8.
(a) Mit wie vielen »Meistern« vergleicht sich Ovid zu Beginn des Werkes, mit wie vielen am Ende des 2. Buches?
(b) Welche Bedeutung dürfte der Unterschied in der Zahl haben?
(c) Welche Position in der Reihenfolge nimmt jeweils der Dichter ein? Vergleichen Sie mit B 2.

Begleittexte zu Text 18

B 1. Der Brauch, ausgezeichnete Dichter zu bekränzen, entwickelte sich bei den Griechen, wo neben den großen sportlichen Wettbewerben auch Dichterwettkämpfe stattfanden. Der häufigste Siegespreis war ein Lorbeerkranz, da der Lorbeer dem Apollon heilig war. Im 12. Jahrhundert n. Chr. suchte Kaiser Friedrich Barbarossa die in Vergessenheit geratene Sitte zu erneuern und krönte den Mönch Günther, der ein lateinisches Epos auf seine Taten verfasst hatte, mit dem Lorbeer. Im 13. und 14. Jahrhundert fanden in Italien mehrere Dichterkrönungen statt; am bekanntesten ist die Petrarcas auf dem Kapitol von Rom, die am Osterfest 1331 stattfand.

B 2. Im Glauben, im Aberglauben, im Zauber, im Märchen und in vielen anderen Bereichen spielen »numinose« Zahlen eine hervorragende Rolle, Zahlen also, von denen man besondere Wirkung im Guten wie im Bösen erwartet. Zu ihnen gehören die Drei, die

Sieben, die Neun und die Dreizehn: »Aller guten Dinge sind drei«, sagt das Sprichwort; Götter treten oft als Dreiheit auf, Zauberformeln müssen dreimal wiederholt werden, damit sie wirken. Ähnlich bedeutsam ist die Sieben, man denke nur an die sieben Plagen Ägyptens, an die sieben fetten und sieben mageren Jahre, an die sieben Kardinaltugenden und die sieben Todsünden.
(Zusammenfassung nach Margarete Riemschneider, Von 0 bis 1001. Das Geheimnis der numinosen Zahl, München 1966, S. 18ff.)

Arbeitsaufträge zu Text 19

1. Das Proömium zum 3. Buch der *Ars amatoria* gestaltet zunächst das Bild vom Krieg der Geschlechter.
   (a) Sammeln Sie alle Wörter und Wendungen des Wortfeldes Kampf/Heer/Bewaffnung.
   (b) Untersuchen Sie, welche der verwendeten Eigennamen entsprechende Assoziationen auslösen.
2. Ovid »bewaffnet« nun auch die Mädchen. Durch welchen Appell wirbt er um Verständnis bei den jungen Männern?
3. Welches Bild der Frau wird in vv. 29f. gezeichnet?
4. Was für ein Zusammenhang besteht zwischen der konstatierten größeren Unzuverlässigkeit der Männer und Ovids Vorhaben nun auch Mädchen zu beraten?
5. Vergleichen Sie vv. 59–80 mit T 14 und B 2 zu T 14: Welche Gemeinsamkeiten, welche Unterschiede erkennen Sie?

Arbeitsaufträge zu Text 20

1. (a) Mit welchen Wörtern und Wendungen bringt Ovid zum Ausdruck, dass das, was er empfiehlt, im Grunde ganz selbstverständlich und jeder seiner Leserinnen vertraut ist?
   (b) Achten Sie in diesem Zusammenhang auch auf den Modus der Prädikate in vv. 199–204.
2. (a) Von wo ab übernimmt Ovid wieder deutlich die Rolle des Ratgebers?
   (b) Sammeln Sie die entsprechenden sprachlichen Signale.
   (c) Wodurch sind die nun wieder entschiedener vorgetragenen Ermahnungen wohl gerechtfertigt?
3. Mit feiner Ironie (vgl. St 8) lässt Ovid erkennen, dass natürlich auch Kosmetik eine Kunst und das, was sie schafft, ein Kunstwerk ist. Suchen Sie nach entsprechenden Ausdrücken im Text.
4. Womit wird die durch Kosmetik erreichte *forma* verglichen? Beurteilen Sie den Vergleich.
5. Auf ihr Äußeres legten vornehme Römerinnen großen Wert; die Frisur war dabei besonders wichtig und wechselnden Moden unterworfen.
   (a) Vergleichen Sie Abb. 5–7 (S. 40) und überlegen Sie, welche der gezeigten Frisuren den Sklavinnen, die dafür zuständig waren, die meiste Arbeit gemacht hat.
   (b) Ist die Haartracht der in Abb. 8 (S. 40) gezeigten Frau besonders extravagant oder ein Zeichen ihrer Herkunft und ihres Standes?
6. Erstellen Sie, ähnlich wie in A 6 zu T 11, eine beschriftete Collage »Die gepflegte Frau«.

Arbeitsaufträge zu Text 21

1. (a) Nach welchem Prinzip ist die Aufzählung der Schönheitsfehler aufgebaut?
   (b) Verdeutlichen Sie sich dieses Prinzip durch den Vergleich mit einer Filmaufnahme.
2. (a) Worauf laufen sämtliche Empfehlungen, die Ovid in diesem Abschnitt gibt, eigentlich hinaus?
   (b) Stellen Sie die Wörter und Wendungen zusammen, die sich auf das Ziel aller genannten Maßnahmen beziehen, und suchen Sie einen passenden Oberbegriff.
3. (a) Betrachten Sie v. 255f. unter dem Gesichtspunkt, ob Ovid hier den nötigen Takt wahrt.
   (b) Vergleichen Sie die Passage mit T 20.
   (c) Überlegen Sie, an welche Adressaten sich das 3. Buch der *Ars amatoria* eigentlich wendet.

Arbeitsaufträge zu Text 22

1. (a) Beschreiben Sie Aufbau und Gedankenführung des Textes.
   (b) Wo sind Begriffe einander gegenübergestellt?
   (c) Sammeln Sie die Gegensatzpaare.
2. Formulieren Sie unter Berücksichtigung von B 1 den Kerngedanken von v. 305f. möglichst knapp.
3. Versuchen Sie die verschiedenen Bewegungstypen zu skizzieren oder – mit leichter Übertreibung – nachzuahmen.

Begleittext zu Text 22

B 1. »*Est modus in rebus, sunt certi denique fines, quos ultra citraque nequit consistere rectum.*«
»Es ist ein Maß in den Dingen, es gibt ferner bestimmte Grenzen und diesseits und jenseits von ihnen findet das Richtige keinen Platz.«
(Horaz, Satiren I 1,104f.)

Arbeitsaufträge zu Text 23

1. (a) Bestimmen Sie in v. 417 den Kernbegriff von Ovids Empfehlung.
   (b) In welcher Weise wird dieser Begriff im Folgenden jeweils wieder aufgenommen und bis zu welchem Distichon dehnt sich dieser gedankliche Zusammenhang aus? Welche Gliederung des Textes ergibt sich daraus?
2. Welcher zweite Kernbegriff oder Kernsatz, der eine andere Versgruppe thematisch bestimmt, lässt sich ermitteln?
3. (a) Mit welchen Mitteln veranschaulicht Ovid seine Aussagen?
   (b) Welche Rolle spielt dabei die Reihenfolge?
4. (a) Rufen Sie sich in Erinnerung, welches Rollenverständnis von Mann und Frau sich aus T 3 und 4 ergab, in denen sich Ovid an die jungen Männer wandte.

(b) Vergleichen Sie damit v. 419f.
(c) Welche Rolle übernimmt nun das Mädchen?
(d) Welche Vermutung über Ovids psychologisches Vorgehen seinen jeweiligen Adressaten gegenüber liegt nahe?
(e) Überprüfen Sie Ihre Vermutung am gesamten Text.
5. (a) Stellen Sie zusammen, welche Mittel oder »Waffen« den Mädchen bei der Kontaktsuche empfohlen werden.
(b) Was ist das gemeinsame Kennzeichen dieser Mittel?
6. Betrachten Sie T 3–4 und 23 nebeneinander und beschreiben Sie differenziert, wie sich Ovid die Rollenverteilung zwischen Mann und Frau anscheinend vorstellt.
7. Vergleichen Sie v. 231f. mit B 1–2.
(a) Welche Eigenschaft der Frau wollen Seneca und Petron hervorheben?
(b) Auf welchen übergeordneten Gesichtspunkt verweisen Ovids Schlussverse, wenn man den Zusammenhang, in dem sie stehen, berücksichtigt?
(c) Wie werden die Frauen durch seine Bemerkung aber gleichzeitig unterschwellig charakterisiert?
(d) Durch welche Technik der Formulierung gelingt es Ovid, beim Leser den gewünschten Eindruck hervorzurufen?

Begleittexte zu Text 23

B 1. »Annum feminis ad lugendum constituere maiores, non ut tam diu lugerent, sed ne diutius. Viris nullum legitimum tempus est, quia nullum honestum. Quam tamen ex illis mulierculis dabis vix retractis a rogo, vix a cadavere revulsis, cui lacrimae in totum mensem duraverint?«
»Ein Trauerjahr setzten unsere Vorfahren für die Frauen fest, nicht, damit sie so lange trauerten, sondern, damit sie sich nicht länger ihrem Schmerz hingäben. Für Männer gibt es keine durch den Brauch bestimmte Zeit, weil keine mit der männlichen Ehre vereinbar ist. Doch welches von diesen bedauernswerten Frauchen, die man kaum vom Scheiterhaufen wegreißen, kaum von der Leiche fortzerren konnte, kannst du mir zeigen, bei dem die Tränen auch nur einen vollen Monat angehalten hätten?«
(Seneca, *Epistulae morales* 63,11)

B 2. Petronius Arbiter (1. Jh. n. Chr.) fügte in seinen satirischen Roman (*Satyricon* 100–113) eine Novelle ein, in der von einer als besonders sittsam bekannten Frau aus Ephesus berichtet wird, die sich nach dem Tod ihres Mannes mit der Leiche ins Grabmal einschließen ließ und jede Nahrungsaufnahme verweigerte. Einem Soldaten jedoch, der in der Nähe des Grabes Wache halten musste, damit nicht Hingerichtete von ihren Angehörigen vom Kreuz geholt und bestattet würden, gelang es die Trauernde zu trösten und zum Essen und Trinken zu überreden. Schließlich wurde das Grabmal sogar zum Liebesnest und als einer der Gekreuzigten wegen der laxen Bewachung plötzlich verschwunden war, schlug die Frau vor, doch ihren toten Mann ans Kreuz zu schlagen und half sogar dabei, indem sie ihm mit einem Stein die Zähne ausschlug, die der abhanden gekommenen Leiche gefehlt hatten.
Die literarische Nachwirkung dieser Novelle bis in die Neuzeit ist beträchtlich; als Ballade gestaltete sie Gottfried August Bürger: *Das Lied von der Weibertreue*.

Arbeitsaufträge zu Text 24

1. Gliedern Sie den Text und geben Sie die Gesichtspunkte an, unter denen Ovid das Thema »Briefwechsel für die Damen« behandelt.
2. Vergleichen Sie T 10.
   (a) Inwiefern sind dort die Schwerpunkte anders gesetzt?
   (b) Welche Gründe lassen sich dafür angeben?
3. Ovid empfiehlt die Sprechweise zu beachten.
   (a) Was erwartet er von den Männern?
   (b) Womit benügt er sich bei den Mädchen?
   (c) Welche Rückschlüsse erlaubt dieser unterschiedliche Anspruch?
4. An welche Art von *servitium* ist in v. 488 zu denken?
5. Fassen Sie kurz zusammen, welche Empfehlungen die Mädchen befolgen sollen um sich bei heimlicher Korrespondenz vor unliebsamen Erfahrungen zu schützen.
6. Vergleichen Sie die in T 10 und 24 ausgesprochenen Empfehlungen und Warnungen mit B 1.
7. Schreiben Sie an einen heftig verliebten jungen Mann einen Brief, der der Forderung Ovids entspricht: »*Fac timeat speretque simul!*«

Begleittext zu Text 24

B 1. »Briefwechsel ist schriftlicher Umgang. Fast alles, was ich vom persönlichen Umgange mit Menschen sage, findet Anwendung auf den Briefwechsel. Dehne also deinen Briefwechsel so wie deinen Umgang nicht über Gebühr aus. Das hat keinen Zweck und ist Zeitverderb. Sei ebenso vorsichtig in der Wahl derer, mit denen du einen vertrauten Briefwechsel anfängst, wie in der Wahl deines täglichen Umgangs ... Vorsichtigkeit beim Schreiben ist noch weit dringender als im Reden zu empfehlen, und ebenso wichtig ist es, mit den Briefen, welche man erhält, behutsam umzugehen. Man sollte es kaum glauben, was für Verdruss, Zwist und Missverständnis durch Versäumnis dieser Klugheitsregel entstehen können. Ein einziges hingeschriebenes, unauslöschliches Wort, ein einziges, aus Unachtsamkeit liegen gebliebenes Papier hat manches Menschen Ruhe und oft auf immer den Frieden seiner Familie zerstört ...«
(Adolph Freiherr von Knigge, Über den Umgang mit Menschen, hrsg. v. K. Goedeke, Hannover [20]1922, 1. Buch, Kap. 60)

Arbeitsaufträge zu Text 25

1. Gliedern Sie den Text und überlegen Sie, welche Wirkung Ovid mit der Abfolge der Gedanken beabsichtigte.
2. (a) Vergleichen Sie den Aufbau der Verse 502 und 503; nennen Sie Gemeinsamkeiten und Unterschiede.
   (b) Mit welchem der beiden Verse ist v. 513 dem Aufbau nach vergleichbar?
3. Worauf zielt die Beherrschung der Leidenschaften nach Ovid ab? Vgl. B 1.

Begleittext zu Text 25

B 1. »... Sed multo magis elaborandum est, ne animi motus a natura recedant; quod adsequemur, si cavebimus, ne in perturbationes atque exanimationes incidamus et si attentos animos ad decoris conservationem tenebimus.«

»Doch noch viel mehr müssen wir uns darum bemühen, dass unsere Gemütsbewegungen nicht von dem abweichen, was unserer Natur entspricht. Wir werden das erreichen, wenn wir uns davor hüten uns aufzuregen oder aus der Fassung zu geraten und wenn wir es uns angelegen sein lassen Anstand zu wahren.«
(Cicero, *De officiis* 1,131)

Arbeitsaufträge zu Text 26

1. Welche Vorstellung klingt in v. 577 erneut an? Nennen Sie vergleichbare Aussagen aus früheren Texten.
2. Erläutern Sie den gedanklichen Aufbau von v. 578. Woraus bezieht der Vers seine Wirkung (vgl. St 22, 27, 28)?
3. Gliedern Sie den Text und ordnen Sie seinen einzelnen Empfehlungen die jeweils entsprechenden Aussagen aus B 1 zu.
4. Führen Sie ein Streitgespräch über Ovids These: »Wenn ein Verliebter keinen Rivalen zu fürchten hat, erkaltet seine Liebe.«

Begleittext zu Text 26

B 1. Einsichten wie die, dass »verbotene Früchte am süßesten sind« und dass »nichts schwerer sei zu ertragen als eine Reihe von guten Tagen« werden von der Motivationspsychologie, der Lehre von den Antrieben menschlichen Handelns, in hohem Maße bestätigt. Allzu leicht errungene Erfolge lassen die Bereitschaft etwas zu leisten oder sich für eine Sache zu engagieren rasch erlahmen (»Lorbeereffekt«), gelegentliche Misserfolge können stimulierende Wirkung haben. In Tierexperimenten zeigte es sich, dass Ratten ein regelmäßig mit Futterspenden belohntes Verhalten rasch ablegten, wenn die Nahrungsgabe ausblieb. Die Ratten dagegen, die nur hin und wieder für ein bestimmtes Verhalten belohnt worden waren (»intermittierende Belohnung«), behielten dieses Verhalten auch bei, wenn sie nicht mehr dafür belohnt wurden. Deutliche Leistungssteigerungen werden auch durch Konkurrenzmotivation erreicht – jeder neue sportliche Rekord legt davon Zeugnis ab. Erhöhte Schwierigkeiten wirken auf einen Menschen, der sich selbst etwas zutraut, durchaus anspornend. Wichtig ist nur, dass seine Erfolgszuversicht nicht durch zu hohe Hürden und zu viele Misserfolge zerstört wird. Die Kunst Aktivitäten zu lenken besteht somit in einer ausgewogenen Mischung von Hoffnung und Furcht, von Erfolgs- und Misserfolgschancen.

Arbeitsaufträge zu Text 27

1. Wie sind die in vv. 667–672 verwendeten bildhaften Ausdrucksweisen einzuordnen? Vgl. A 1 zu T 26.
2. Welche Abschnitte des Textes berühren sich gedanklich mit der folgenden Sentenz des Publilius Syrus (1. Jh. v. Chr.): »Quod quisque amat, laudando commendat sibi.« (»Ein jeder

macht sich das, was er liebt, durch Lob liebenswert.«)
3. Suchen Sie aus vv. 673–682 die Wörter und Wendungen heraus, die sich auf das Erwecken von Illusionen (Aufgabe des Mädchens) und den Glauben daran (beabsichtigte Wirkung beim Mann) beziehen.
4. (a) In welchen Schritten entwickelt sich die Illusion glühender Liebe?
(b) Weisen Sie nach Inhalt und Aufbau eine Steigerung nach.
5. Welche Männer sind für derartige Tricks besonders anfällig? Vgl. B 1.
6. Vergleichen Sie zu v. 667f. B 2; es kommt, das zeigen die Zitate deutlich, nur auf die Interpretation des weiblichen Verhaltens durch den Mann an.

Begleittexte zu Text 27

B 1. Die Komödie *Miles Gloriosus* (»Der Angeber«) des Plautus († 184 v. Chr.) bezieht ihre Wirkung aus der Erkenntnis, dass ein Mann auf nahezu jeden Schwindel hereinfällt, wenn er sich für überragend schön hält, für unwiderstehlich und für den Schwarm aller Mädchen. In der 2. Szene des 4. Akts bringt die schlaue Milphidippa dem Angeber einen Ring – ihn sendet, wie sie sagt, eine wunderschöne Frau, die in den Soldaten unsterblich verliebt ist.

»*Soldat:*
Was will die Frau von mir?
Milphidippa:
Sie will mit dir plaudern, dich umarmen, küssen,
verführen! Erhörst du nicht sofort ihr Flehen,
so scheidet sie verzweifelt aus dem Leben.
O höre meine Worte, du Achilles!
Errette jene Schöne, schönster Mann!
Schenk gnädig ihr dein Herz,
Erstürmer turmbewehrter Städte, Fürstenmörder.«

Mit ähnlichen Mitteln wird auch in Shakespeares *Lustigen Weibern von Windsor* der dicke Ritter Sir John Falstaff in immer neue Fallen gelockt.

B 2.
»Dulcis ad hesternas fuerat mihi rixa lucernas
vocis et insanae tot maledicta tuae.
Cur furibunda mero mensam propellis et in me
proicis insana cymbia plena manu?
Tu vero nostros audax invade capillos
et mea formosis unguibus ora nota!
Tu minitare oculos subiecta exurere flamma!
Fac mea rescisso pectora nuda sinu.
Nimirum veri dantur mihi signa caloris,
nam sine amore gravi femina nulla dolet.«

»Lieblich fand ich den Streit gestern Abend beim Scheine der Lampe,
jedes böse Wort, das du mir rasend gesagt.
Warum stößt du in trunkener Wut den Tisch um? Was schleuderst
volle Becher du mir rasend vor Zorn an den Kopf?
Komm nur, getrau dich, und fahre mir wild in die Haare, zerkratze
mit deinen Nägeln so schön böse nur mir das Gesicht!

Stoße auch Drohungen aus die Augen mir zu verbrennen,
      reiße mir auch von der Brust wütend herab das Gewand!
   Das sind alles für mich die Zeichen wahrhafter Liebe.
      Ist sie nicht wirklich entflammt, zeigt keine Frau solchen Schmerz.«
   (Properz, Elegie 3, 8,1–10)
Im letzten Gedicht des 3. Buches »macht« Properz »Schluss« mit seinen Mädchen; ihre Tricks, so erklärt er, verfangen nicht mehr bei ihm:
   »Nil moveor lacrimis. Ista sum captus ab arte:
      semper ab insidiis, Cynthia, flere soles.«
   »Weinen rührt mich nicht mehr; damit nahmst du mich früher gefangen.
      Nur aus Hinterlist, Cynthia, weinst du ja stets!«
   (Properz, Elegie 3,25,5f.)

Arbeitsaufträge zu Text 28

1. (a) Welcher Modus herrscht in diesem Text vor?
   (b) Vergleichen Sie damit die Moduswahl in T 7; welche Rückschlüsse erlauben die vorhandenen Unterschiede?
2. (a) Welchem Abschnitt in T 7 entsprechen inhaltlich v. 753f.?
   (b) Inwiefern lässt der Vergleich der beiden Stellen einen inneren Widerspruch in der Darstellung Ovids erkennen?
3. (a) Weswegen findet sich in T 7 wohl keine direkte Entsprechung zu vv. 755–760?
   (b) Berücksichtigen Sie B 1 und 2 und überlegen Sie, was durch die empfohlene Art zu essen erreicht werden soll.
4. (a) Auch die Ratschläge ab v. 763 haben keine Entsprechung in T 7; warum wohl?
   (b) Vor welchen Gefahren warnt der Dichter? Wo geschieht das sehr direkt, wo deutet er nur an?
   (c) Vergleichen Sie den Text mit B 2. Inwiefern ist dieses Gedicht noch zurückhaltender als Ovid? Beachten Sie besonders die vierte Strophe.

Begleittexte zu Text 28

B 1. Wie zeitbedingt Sitten und Unsitten bei Tisch sind, zeigt ein Vergleich der eben mitgeteilten Anstandsregeln mit Auszügen aus einer gereimten »Hofzucht« (Angemessenes Verhalten bei Hofe), die dem Minnesänger Tannhäuser (13. Jh.) zugeschrieben wird:
   »Von einem Löffel soll kein Ritter mit einem andern essen.
   Auch rülpst man nicht bei Tisch und unterlasse es
   sich ins Tischtuch zu schneuzen.
   Man nimmt auch nicht den Finger dazu,
   um einen Brocken auf den Löffel zu schieben.
   Unziemlich handelt, wer beim Essen sich breit auf den Tisch
   hinlümmelt.
   Nur Bauern tunken angebissenes Brot von neuem in die Suppe.«

B 2. Das Köhlerweib
Das Köhlerweib ist trunken und singt im Wald.
Hört, wie die Stimme gellend im Grünen hallt.
Sie war die schönste Blume, berühmt im Land,
es warben Reich' und Arme um ihre Hand.
Sie trat in Gürtelketten so stolz einher;
den Bräutigam zu wählen fiel ihr zu schwer.
Da hat sie überlistet der rote Wein –
Wie müssen alle Dinge vergänglich sein.
Das Köhlerweib ist trunken und singt im Wald.
Wie durch die Dämm'rung gellend ihr Lied erschallt.«
(Gottfried Keller, 1819–1890, Schweizer Dichter – Vertreter des so genannten poetischen Realismus)

Arbeitsaufträge zu Text 29

1. Welches Bild von der Liebe klingt in diesen Schlussversen nochmals an? Nennen Sie den tragenden Begriff.

2. Was will Ovid durch die Verwendung des Wortes *lusus* ausdrücken? (Vgl. A 7 (b) zu T 1).

Zu Ovids Sprache

Im Folgenden sind einige Besonderheiten der Formenbildung und der Wortstellung zusammengefasst, die bei Ovid und auch bei anderen römischen Dichtern häufiger auftauchen.

Verben
- Imperativendungen *-tō* (Sg.), *-tōte* (Pl.)
  Beispiele: *sedētō, scītōte*
- Fehlen des Perfektstammkennzeichens
  Beispiel: *superārit* statt *superāverit*
- 3. Pl. Perf. Akt. *-ēre* statt *-ērunt*
  Beispiel: *voluēre* statt *voluērunt*
- 2. Sg. Pass. *-re* statt *-ris*
  Beispiele: *videāre* statt *videāris, conspiciēre* statt *conspiciēris*

Nomina
- Akk. Pl. *-īs* = *-ēs*
  Beispiel: *a.a.* 1, 159: parva *levīs* capiunt animos
- Plural statt Singular (z.T. aus dem Textzusammenhang begründbar, z.T. ohne erkennbaren Grund)
  Beispiel: *a.a.* 1, 21f.: et mihi cedet Amor, quamvis *mea* vulneret arcu *pectora*
- Verkürzung der Wörter auf *-ulum* um eine Silbe
  Beispiel: *perīclum* statt *perīculum*

Konnektoren
- Konjunktionen wie *cum, et* u.ä. leiten nicht immer einen Glied- oder Teilsatz ein, sondern stehen auch an späterer Stelle.
  Beispiel: *a.a.* 1, 93f.: ut redit itque frequens longum formica per agmen, granifero solitum *cum* vehit ore cibum
- Verbindung von Imperativen und Begehrssätzen ohne Konnektor
  Beispiel: *a.a.* 1, 480: tu modo blanditias *fac legat* usque tuas

Stilistischer Anhang

In Text 10 weist Ovid selbst darauf hin, wie wichtig die angemessene Formulierung eines Wunsches für Erfolg oder Misserfolg ist; den hohen Rang der Rhetorik in der Antike umreißt B 10, 1.
Die folgende Auflistung soll durch Zusammenfassung der wichtigsten Tropen (griech.: »Wendungen«: Ersatz eines Wortes oder Ausdrucks durch gedanklich Vergleichbares) und Figuren die Identifikation der von Ovid verwendeten Stilmittel erleichtern. Bei der Untersuchung der Wirkung müssen stets der Kontext und der Adressatenbezug berücksichtigt werden.

Tropen

1 **Metapher** (»Übertragung«): Bildhafte Ausdrucksweise, z.B.: *pauper cornua sumit* (T 7, 239); an die Stelle von »Mut, Selbstvertrauen« treten Hörner als Symbol von Kraft und Angriffslust.

2 **Metonymie** (»Wortvertauschung«): Das Ersatzwort entstammt dem gleichen Sachbereich wie das ersetzte, z.B.:
   (a) Person – Sache: T 9, 275 *Venus = amor*;
   (b) Material – Produkt: T 10, 437 *cera* (Wachs, Wachstäfelchen) = *epistula, litterae*;
   (c) Abstraktum – Konkretum: T 18, 733 *iuventus = iuvenes*;
   (d) Träger einer Eigenschaft – Eigenschaft: T 20, 193 *caper = odor capri* (Bocksgeruch).

3 **Synekdoche** (»Mit-dazu-Nehmen«): Die eigentliche Bedeutung eines Wortes wird erweitert oder eingeengt, z.B.:
   (a) spezielle Bezeichnung statt der allgemeinen: T 1,3 *ratis* (Floß) = *navis* (Schiff);
   (b) Teil für das Ganze: T 23, 418 *ultra limina = e domo*.

4 **Antonomasie** (»Namenswechsel«): Ersatz eines Eigennamens durch eine Herkunfts- oder Abstammungsbezeichnung, z.B. T 1, 17 *Aeacida* (Aiakos-Enkel) = *Achilles*.

5 **Periphrase** (»Umschreibung«): Ersatz eines Wortes durch mehrere andere, z.B. T 3, 47 *qui sustinet hamos* (der die Angel hält) = *piscator* (Fischer).

6 **Litotes** (»Untertreibung«): Scheinbare Abschwächung durch doppelte Verneinung, z.B. T 5, 135 *nec te fugiat* (lass dir nicht entgehen =) suche unbedingt auf.

7 **Hyperbel** (»Übertreibung«): z.B. T 3, 59 *quot caelum stellas, tot habet tua Roma puellas*.

8 **Ironie** (»Verstellung«): Der Redende sagt das Gegenteil von dem, was er denkt, z.B. T 20, 227 *Cur mihi nota tuo causa est candoris in ore* (Sinn: Ich möchte das lieber nicht wissen).

Figuren

Stellungsfiguren

Figuren der Wortverbindung

9 **Asyndeton** (»Unverbundenheit«): Verzicht auf Konjunktionen zwischen gleichgeordneten Satzgliedern, z.B. T 4, 99 ... *veniunt, veniunt* ... = *non solum (spectatum) veniunt, sed etiam veniunt, (spectentur ut ipsae)*.

10 **Polysyndeton** (»Verbindungshäufung«): Häufung von Konjunktionen zwischen gleichgeordneten Satzgliedern, z.B. T 1, 3 *arte velo**que** remo**que*** ...

11 **Hendiadyoin** (»Eins durch zwei«): Zwei beigeordnete Begriffe lassen sich zu einem stärkeren zusammenfassen, z.B. T 1, 10 *mollis et apta regi* = ganz leicht zu lenken.

12 **Enallagé** (»Vertauschung«): Ein Adjektiv wird absichtlich nicht sinngemäß zugeordnet, z.B. T 2, 36 *miles **nova** in **arma** venis* statt: ***novus miles** in arma venis*.

Figuren der Worteinsparung, Worthäufung und Wortwiederholung

13 **Ellipse** (»Auslassung«): z.B. T 3, 47 *aucupibus noti frutices* (erg. *sunt*).

14 **Epitheton ornans** (»schmückendes Beiwort«): Vom Inhalt nicht unbedingt geforderte Ergänzung, häufig in der Dichtung, z.B. T 4, 95f. *olentia pascua* (duftende Weiden).

15 **Synonymie** (»Bedeutungsähnlichkeit«): Beiordnung mehrerer bedeutungsähnlicher Begriffe, z.B. T 7, 238 *cura fugit diluiturque*.

16 **Klimax** (»Leiter«): Folge von Wörtern oder Kola (Wortgruppen), die nach Sinngehalt oder Umfang eine Steigerung oder allmähliche Abschwächung (»Antiklimax«) erkennen lassen, z.B. T 6, 225f.:
> *hos facito Armenios,*
> *haec est Danaeia Persis*
> *urbs in Achaemeniis vallibus ista fuit.*

17 **Dihärese** (»Zerlegung«): Aufspaltung eines (gebrachten oder weggelassenen) Oberbegriffs in mehrere Teilaspekte, z.B. T 4, 91f. *quod ames, quod ludere possis, quodque semel tangas quodque tenere velis* (statt: die passende Freundin).

18 **Anapher** (»Wiederaufnahme«): Wiederholung des gleichen Wortes zu Beginn mehrerer Kola, z.B. T 1, 3f. *arte ..., arte ..., arte ...*

19 **Epipher** (»Nachbringen«): Wiederholung des gleichen Wortes am Ende eines oder mehrerer Kola, z.B. T 13, 1 *Dicite »Io Paean« et »Io« bis dicite »Paean«*.

20 **Anadiplose** (»Verdoppelung«): Wiederholung des letzten Wortes eines Kolons oder Satzes zu Beginn des jeweils folgenden, z.B. T 4, 99 *spectatum veniunt, veniunt* ...

21 **Polyptoton** (»Vielendigkeit«): Wiederholung desselben Wortes mit verschiedenen Flexionsendungen, z.B. T 5, 140 *iunge tuum* **lateri** *qua potes usque* **latus**.

22 **Paronomasie** (»Wortveränderung«): Spiel mit Wörtern gleichen oder ähnlichen Klangs, aber verschiedener Bedeutung, z.B. T 1, 29 *vati parete perito*.

Figuren der Wortstellung und des Satzbaus

23 **Parallelismus** (»übereinstimmende Anordnung«): Mehrere Sätze oder Kola haben den gleichen Aufbau, z.B. T 10, 485:
quod rogat illa, timet.
quod non rogat, optat.

24 **Chiasmus** (»kreuzweise Anordnung«): Spiegelbildliche Anordnung einander entsprechender Wörter oder Kola, z.B. T 3, 57:
Gargara   quot   segetes,
quot habet   Methymna   racemos ...

25 **Hypérbaton** (»weiter Schritt«): Trennung syntaktisch zusammengehörender Wörtrer durch Einschübe, z.B. T 1, 1 ... *in hoc artem populo non novit amandi (in hoc* zu *populo, amandi* zu *artem)*.

26 **Abbildende Wortstellung:** z.B. T 5, 141 ... *lege puella loci:* die zusammengehörenden Wörter *lege ... loci* schließen das Mädchen ein und unterstreichen, was der Text aussagt, dass sie nämlich Gefangene der örtlichen Gegebenheiten ist.

27 **Gleichklänge** wie **Alliteration** (T 5, 155 **P***rotinus, officii* **p***retium,* **p***atiente* **p***uella)*, **Homoioteleuton** (gleiche Endungen bei mehreren Wörtern, z.B. T 5, 167 *tangitque manum poscitque libellum*) und **Homoioptoton** (mehrere Wörter im gleichen Kasus).

Sinnfiguren

28 **Antithese** (»Gegensatz«): Das Gemeinte wird durch Kontrastieren (Gegensatzpaare) verdeutlicht, z.B. T 9, 276 *vir male dissimulat, tectius illa cupit*.

29 **Rhetorische Frage:** Eine Frage, auf die keine Antwort erwartet wird, z.B. T 23, 429 *Quid minus Andromedae fuerat sperare ...?*

30 **Vergleich, Gleichnis:** Der Sachverhalt wird durch kürzere oder längere Vergleiche mit anderen Erfahrungsbereichen verdeutlicht, z.B. T 4, 93ff. (wie Bienen und Ameisen eilen die Frauen ...).

31 **Apostrophé** (»Abwendung«): In scheinbarer Abwendung von seinem Publikum wendet sich der Redner an andere Personen oder auch an Dinge, z.B. T 16, 304 *torte capille, place*.

32 **Praeteritio** (»Übergehen«): Der Redner oder Schriftsteller tut so, als wolle er etwas Bestimmtes gar nicht erwähnen, erwähnt es aber doch, z.B. T 20, 193 *quam paene admonui, ne trux caper iret in alsa ...*

Metrischer Anhang

1. Zur Aussprache und Betonung des Lateinischen in der Antike

1.1   Die Römer betonten ihre Wörter nach dem so genannten **Dreisilbengesetz**. Ist die vorletzte Silbe eines Wortes lang (–), so wird sie betont. Ist sie kurz (◡), so wird, falls vorhanden, die drittletzte Silbe betont.

1.2   **Lang** (–) ist eine Silbe,
– wenn sie von **Natur** lang ist, also einen langen Vokal: ā, ē, ī, ō, ū, oder Diphthong (Doppelvokal): ae, au, eu, oe enthält; Beispiele: *venīre, incaūtus*. Als naturlang gelten auch Vokale, auf die *-nf-* oder *-ns-* folgen (z.B.: *cōnsulere*);
– wenn sie durch **Position** (»Setzung«) lang ist. Eine Silbe ist positionslang, wenn ihr Vokal zwar kurz ist und auch so gesprochen wird, ihm aber mehrere Konsonanten folgen. Beispiel: *intéllego*.

1.3   Zur Positionslänge kommt es im Allgemeinen nicht beim Zusammentreffen von **Mutae** (stummen Verschlusslauten: b, p, d, t, g, c) **und Liquidae** (fließenden, beliebig lang aushaltbaren Konsonanten: l, m, n, r). Beispiele: *těněbrāe;* die vorletzte Silbe bleibt trotz der beiden folgenden Konsonanten br kurz.

1.4   **X** und **z** können die vorausgehende Silbe längen, weil sie aus zwei Konsonanten entstanden sind (x Zeichen für gs oder cs, vgl. *rex* aus *reg+s*, Gen.: *reg-is;* z Zeichen für ds), nicht aber **qu** (Zeichen für einen k-Laut, ähnlich wie c).

1.5   **H** wurde kaum gesprochen, denn es war kein eigentlicher Buchstabe, sondern ein Hinweis darauf, dass der folgende Vokal mit stärkerem Luftstrom gesprochen werden sollte (so genannte **Aspiration**, Behauchung). Bei Konsonanten kennzeichnete h eine behauchte Aussprache.

1.6   **Beispiele** für die Bewertung als Länge und Kürze (zusammenfassender Ausdruck: **Quantität**) und für die Betonung (**Akzent**):
vívěrě: naturlange drittletzte Silbe, vorletzte Silbe kurz;
vīvāmŭs: drittletzte und vorletzte Silbe naturlang;
ămēmŭs: vorletzte Silbe naturlang;
ómnēs: positionslange vorletzte Silbe, naturlange letzte Silbe;
ōccídĕrĕ: positionslange viertletzte, kurze drittletzte, kurze vorletzte Silbe;
póssunt: positionslange vorletzte Silbe;
těněbrāe: drittletzte und vorletzte Silbe kurz;

1.7   Wir haben uns angewöhnt nach deutschem Vorbild auch im Lateinischen die Betonung durch **lauteres Aussprechen** zu kennzeichnen, indem wir nämlich bei der betonten Silbe mehr Luft ausströmen lassen (so genannter exspiratorischer Akzent, von *exspirare* »ausatmen«). Die Römer aber sprachen die betonten Silben vermutlich in einer **höheren Tonlage** (so genannter musikalischer Akzent). Dies können wir kaum nachahmen, es verlor sich auch bei den Römern etwa um 400 n. Chr.

2. Betonung und Quantitäten im Vers

2.1 Als **Metrik** bezeichnet man die Lehre vom rhythmisch gegliederten Vers. Ein Vers entsteht durch eine rhythmische Abfolge langer (–) und kurzer (◡) Silben. Eine sich wiederholende Einheit aus Längen und Kürzen heißt **Metrum** (»Maß«). Eine bestimmte Anzahl von Wiederholungen dieses Metrums ergibt einen Vers. Werden mehrere gleiche oder verschiedene Verse zu einer Einheit zusammengefasst, die sich wiederholt, so entstehen **Strophen**.

2.2 In Ovids *Ars amatoria* kommen folgende beiden Metren vor:
Dáktylus: –́ ◡◡
Spondéus: –́ –
Die Namen stammen aus dem Griechischen und bezeichnen in dem einen Fall das äußere Erscheinungsbild (Daktylus = Finger, ein langes, zwei kurze Glieder), in dem anderen Fall die Gelegenheit, bei der dieses Metrum besonders gern verwendet wurde (Spondeus: »beim Trankopfer verwendet«).

2.3 In den meisten Versmaßen kann die letzte Silbe eines Verses kurz oder lang sein (so genannte **Syllaba anceps** »doppelwertige Silbe«, Zeichen: x).

2.4 Da ein Vers gleichsam als ein einziges langes Wort anzusehen ist, gelten die Gesetze für die Bewertung von Längen und Kürzen über die Wortgrenzen hinaus. **Positionslänge** entsteht auch, wenn auf einen kurzen Vokal eines Wortes mindestens zwei Konsonanten im gleichen plus nächsten Wort oder im nächsten Wort folgen:
a.a. 1,19: *séd tamen ét taúrī ...*
sedt und *ett* sind positionslang.

2.5 Geht ein Wort auf einen Vokal aus und beginnt das nächste Wort mit einem Vokal, so verschmelzen die beiden Vokale miteinander. Das heißt **Synaloephe** (»Verschmierung«). Bei der Synaloephe gibt es verschiedene Möglichkeiten.

2.5.1 Der auslautende (erste) Vokal wird unterdrückt; dies heißt **Elision** (»Ausstoßung«) und ist die Regel.
a.a. 1,219: *átque̮ ălĭqua̮ éx īllīs cūm régūm nómĭnă quaérēt*

2.5.1.1 Berücksichtigen muss man auch hier, dass h nicht als Konsonant betrachtet wird (vgl. 1.5):
a.a. 3,57: *dúm facit ingeniúm, pĕtĭte̮ hínc praecépta, puéllae*

2.5.1.2 Ebenso muss man wissen, dass **auslautendes -am, -em, -im, -om, -um** der Elision unterworfen ist, weil auslautendes *m* tonschwach war, vielleicht sogar eine Nasalierung des vorausgehenden Vokals bewirkte wie im Französischen.
a.a. 1,37: *próximus húic labor ést placitam̮ éxorāre puéllam*
a.a. 3,2: *quáe tibi dem̮ ét turmáe, Pénthesiléa, tuáe*

2.5.2 Der anlautende (zweite) Vokal wird nicht gesprochen (**Aphairesis**, »Wegnahme«).

Diese »umgekehrte Elision« wird nur angewendet, wenn das zweite Wort *es* oder *est* (von *esse*) lautet.
a.a. 1,86: *résque nováe veniúnt, causaque agénda suá est*
a.a. 1,98: *cópia iúdicium sáepe moráta meúm est*

2.6 Die Gesetze der Synaloephe werden zum Teil auch auf das Wortinnere übertragen: Bisweilen werden zwei Silben, von denen die eine vokalisch auslautet, die andere vokalisch anlautet, als eine gewertet und entsprechend gelesen; dies heißt **Synizese** (griech. syn-izesis: das »Zusammen-auf-eins-Setzen«).
a.a. 1,37: *próximus húic labor ést …*

2.7 Bisweilen werden unbetonte Längen doch als Kürzen gewertet, und zwar dann, wenn sie einer Kürze folgen; dies ist die so genannte **Iambenkürzung** (aus ⏑ – wird ⏑⏑).
a.a. 2,10: *návigăt, ét longé, quém pětŏ, pórtŭs ăbést*   (*pětŏ* statt *pětō*).

3. Das Versmaß in Ovids *Ars amatoria*

3.1 Die *Ars amatoria* besteht aus Distichen. Ein **Distichon** (»Zweizeiler«) wird aus zwei Versen von unterschiedlicher Länge gebildet. Den ersten Vers nennt man daktylischen **Hexámeter**, den zweiten **Pentámeter**.

3.2 Der **daktylische Hexameter** (griech.: »sechs Metren«) besteht aus fünf Daktylen und einem verkürzten (katalektischen) sechsten Metrum: – x (vgl. 2.2 und 2.3). Ein Daktylos setzt sich aus einer betonten Länge und zwei unbetonten Kürzen zusammen (–⏑⏑). Die beiden Kürzen können jeweils durch eine unbetonte Länge ersetzt werden (– –), sodass sich ein Spondeus ergibt (vgl. 2.2). Das vorletzte (fünfte) Metrum ist allerdings in der Regel ein reiner Daktylus, d.h., es weist neben der betonten Länge zwei unbetonte Kürzen auf; Ausnahmen von dieser Regel sind ganz selten und haben meist eine besondere Bedeutung.
Das »Schema« des Hexameters ist also:
   1.   2.   3.   4.   5.   6.
 – ⏑⏑ | – ⏑⏑ | – ⏑⏑ | – ⏑⏑ | – ⏑⏑ | – x

3.2.1 Ein Hexameter mit vielen Kürzen wirkt schnell und leicht:
a.a. 1,35: *príncĭpĭō qŭod ămārĕ vĕlīs, rĕpĕrīrĕ lăbōrā*

3.2.2 Ein Hexameter mit vielen Längen (Spondeen) wirkt schwer, langsam oder nachdrücklich:
a.a. 1,333: *quī Mārtēm tērrā, Nēptūnum ēffŭgĭt ĭn ūndīs*

3.3 Der **Pentameter** ist ein Hexameter, dessen drittes und sechstes Metrum jeweils nur aus der ersten betonten Länge besteht. Äußerlich gesehen entsteht so ein Versmaß, das um zwei halbe Einheiten (= eine ganze Einheit) kürzer ist (Pentameter griech.: »fünf Metren«). Dennoch hat der Pentameter wie der Hexameter sechs Tonstellen:
   1.   2.   3.   4.   5.   6.
 – ⏑⏑ | – ⏑⏑ | – || – ⏑⏑ | – ⏑⏑ | –   (3. + 6. = 1 Einheit)

Im Pentameter treffen also in der Mitte zwei betonte Silben zusammen. Dadurch ergibt sich beim Lesen oder Vortragen in der Mitte ein deutlicher Einschnitt:
a.a. 1,2: hóc lĕgăt ĕt lēctō‖ cārmĭnĕ dōctŭs ămēt
Nur in der vorderen Vershälfte können jeweils zwei Kürzen durch eine Länge ersetzt werden.

3.4 Die meisten Versmaße haben an festen oder bevorzugten Stellen Pausen, d.h., dort ist regelmäßig das Ende eines kleinen Satzabschnitts, wenigstens aber das Wortende. Man unterscheidet zwei Arten von Pausen, und zwar spricht man
– von einer **Zäsur**, wenn sie innerhalb eines Metrums steht:

a.a. 1,123: āltĕră māestă sĭlēt, | frūstră vŏcăt āltĕră mātrēm
– von einer **Dihärese**, wenn sie am Ende eines Metrums steht:

a.a. 2,657: nōmĭnĭbūs mōllīrĕ lĭcĕt mălă: | »fūscă« vŏcētŭr
Die Bezeichnungen bedeuten beide »Trennung«, die erste ist lateinisch, die zweite griechisch; sie dienen zur Unterscheidung der Pausentypen.

3.5 Eine Wortfolge, die keinen Sinneinschnitt am Versende bietet, verknüpft zwei Verse enger miteinander und schafft so einen Langvers von besonderer Wirkung. Man nennt diese Erscheinung **Enjambement** (»Hinüberspringen« von einem Vers zum nächsten). Das formale Grundelement der *Ars amatoria* – das Distichon – wird so bisweilen noch stärker als Einheit deutlich.
a.a. 1,149f.: Thema: »Tipps für Annäherungsversuche eines jungen Mannes im Zirkus«

utque fit, in gremium pulvis si forte puellae
deciderit, digitis excutiendus erit.

»Und wie es so kommt: wenn zufällig Staub in den Schoß des Mädchens fällt, wird man ihn mit den Fingern herausschütteln müssen.«
Hier will Ovid z.B. durch die Verknüpfung der beiden Verse den engen Zusammenhang der beiden Vorgänge – die unmittelbare Reaktion des jungen Mannes auf die sich bietende Gelegenheit – verdeutlichen.

3.6 Weil Ovid ein besonders großer Verskünstler war, ging er häufig geradezu spielerisch mit Hexametern und Pentametern um. Dafür zwei Beispiele:
Dass ihm das Verseschreiben sehr leicht gefallen ist, bezeugt er selbst durch folgenden Pentameter:
Tristien 4,10,26: ēt quod tēmptābām scrībere, vērsŭs ĕrāt.
   »und was ich auch zu schreiben versuchte, es war ein Vers.«
Dass sein spielerisches Talent auch bis zur klanglichen Imitation des beschriebenen Vorgangs gehen konnte, kann folgender (laut zu lesender) Hexameter aus seinen Metamorphosen (Verwandlungsgeschichten) zeigen:
Metamorphosen 6,576: quāmvīs sīnt sub aquā, sub aquā maledīcere tēmptant.
   »Obwohl sie jetzt im Wasser leben, versuchen sie auch im
   Wasser noch (die Göttin) weiter zu (be)schimpfen.«
(Inhaltlicher Zusammenhang: Bauern, die sich gegen die Göttin Latona vergangen hatten, sind zur Strafe in Frösche verwandelt worden.)

Abkürzungen

A	Arbeitsauftrag/ Arbeitsaufträge	jd.	jemand
a.a.	*Ars amatoria*	jdm.	jemandem
Abb.	Abbildung	jdn.	jemanden
abh.	abhängig	jds.	jemandes
Abl.	Ablativ, *ablativus*	Jh.	Jahrhundert
Abl. + Präd.	Ablativ mit Prädikativum (sog. *ablativus absolutus*)	Konj.	Konjunktiv
		lat.	lateinisch
		LWS	Lernwortschatz
		m.	*masculinum;* mit
A.c.i.	*accusativus cum infinitivo*	M	Metrischer Anhang
		met.	Metamorphosen
Adj.	Adjektiv	n.	*neutrum*
Adv.	Adverb	n. Chr.	nach Christus
Akk.	Akkusativ	Nom.	Nominativ
Attr.	Attribut	o.Ä.	oder Ähnliches
B	Begleittext/Begleitmaterial	Part.	Partizip
		Pass.	Passiv
bes.	besonders	Perf.	Perfekt
bzw.	beziehungsweise	Pl.	Plural
Dat.	Dativ	Plpf.	Plusquamperfekt
d.h.	das heißt	ppp	Partizip Perfekt Passiv
d.i. /d.s.	das ist / das sind	Präp.	Präposition
dt.	deutsch	Präs.	Präsens
erg.	ergänze	röm.	römisch
etw.	etwas	S.	Seite
f.	*femininum*	Sg.	Singular
f(f.)	und (fort)folgende Seite(n)	sog.	so genannt
		Sp.	Zu Ovids Sprache
Fut.	Futur	St	Stilistischer Anhang
Gen.	Genitiv, *genitivus*	T	Text
griech.	griechisch	u.a.	unter anderem
i.D.	im Deutschen	v. / vv.	Vers / Verse
i.L.	im Lateinischen	v. Chr.	vor Christus
Impf.	Imperfekt	vgl.	vergleiche(n Sie)
Ind.	Indikativ	z.B.	zum Beispiel
Inf.	Infinitiv	z.T.	zum Teil